毛泽东

读书生活十二讲

徐中远 著

人民出版社

毛泽东中南海游泳池书房及会见厅

毛泽东中南海卧室

毛泽东中南海丰泽园书房部分藏书

中南海游泳池外景，毛泽东 1966 年 8 月至 1976 年 9 月在此办公、居住

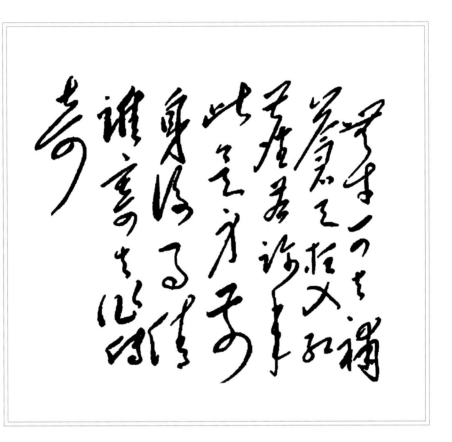

毛泽东手书《红楼梦》诗句

毛泽东手书《三国演义》第一回诗句

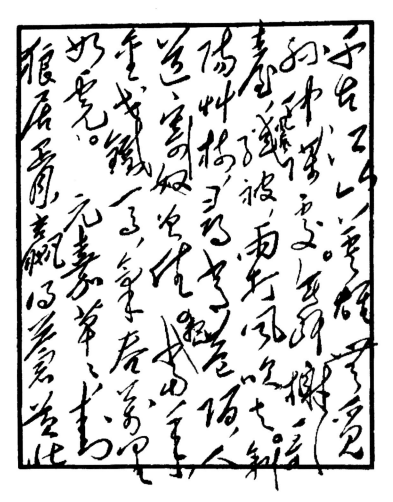

毛泽东手书辛弃疾词《永遇乐·京口北固亭怀古》（部分）

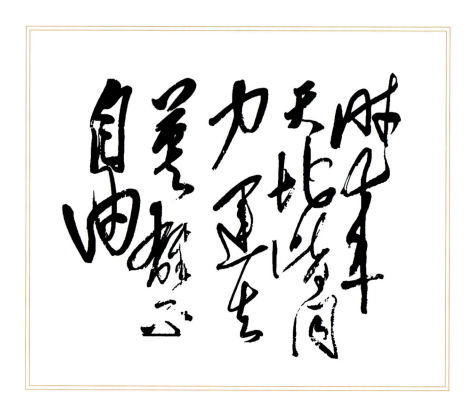

毛泽东手书罗隐诗句

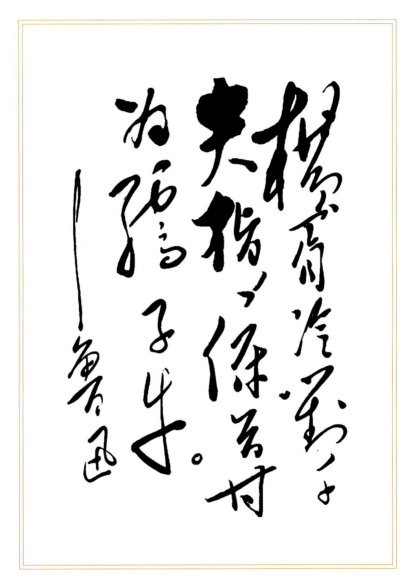

横眉冷对千夫指，俯首甘为孺子牛。——鲁迅

毛泽东手书鲁迅诗句

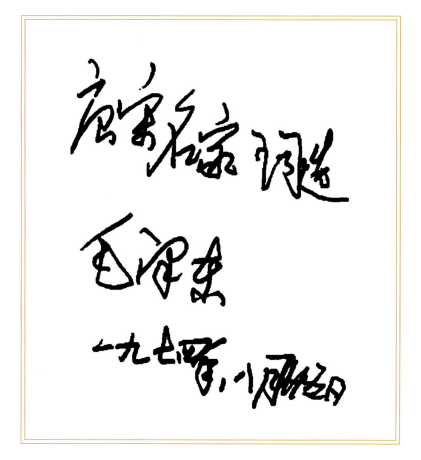

毛泽东晚年手书唐宋名家词选

开讲之前的话

各位读者朋友：

大家好！我是毛泽东主席晚年的专职图书服务管理工作人员。在为毛主席做图书服务工作的日子里，使我有机会、有条件，对毛泽东主席的读书生活、读书的实际情况有所了解。应中国教育电视台的邀请和安排，2017 年 10 月 2 日至 6 日连续五天，每天晚上大约从黄金时间 20：00 开始，在 1 频道"国史演义"栏目，由我向全国电视观众主讲毛泽东的读书生活，连续五讲，每讲大约半个小时。讲完之后，中国教育电视台的同志告诉我，说这次讲座电视观众反映很好，反响很大。他们纷纷来信来电，称赞这次讲座主题选得好，时机抓得好，主讲人讲得好。向电视观众介绍毛泽东的读书生活，这对进一步推进全党、全国、全民族的读书热潮，对于更好地学习、贯彻、落实党的十九大精神，具有重要的现实意义和深远的历史意义。不少观众、听众给中国教育电视台或我本人来信来电提出，像这样充满正能量的电视节目应当常播、多播、重播，这对指导、引导广大党员、干部、群众多读书、广读书、读好书很有作用。在褒奖之余，也有一些电视观众提出讲的内容少了一些、简单了一些，还不解渴，好像看了还没过瘾，意犹未尽，希望主讲人再充实、选加些内容，能较为全面地把毛泽东一生读书生活的重要情况、重要信息、重要方法介绍给大家。很多电视观众，他们既想了解毛泽东一生重点读了些什么书，为什么要读这些书，又想了解毛泽东读书生活中的逸闻趣事以及毛泽东具体是怎样读这些书的。根据广大电视观众的建议和要求，结合毛泽东一生的读书实际，我在原有讲稿的基础上，又补充了毛泽东青少年时期的读书、追求与成长之路，读唐诗宋词，读鲁迅著作，读自然科学书籍，生前要读的最后一部书等内容，另外还增加了勤奋刻苦读书的精神与读书的主要启示两部分。使原来的五讲充实之后变成十二讲。所以，这本书定名为《毛泽东读书生活十二讲》。这样，对毛泽东一生的读书生活反映得就较为丰富、翔实一些，读者的兴趣也会更加浓厚一些。

毛泽东的一生，是追求的一生、奋斗的一生，是全心全意为人民服务的一生，也是读书学习的一生。毛泽东虽然离开我们42年了，但毛泽东酷爱读书，博览群书，善于读书，勤奋刻苦，活到老、学到老，生命不息、读书不止的精神和件件读书往事、故事、逸闻、趣事，还都深深地刻印在我的记忆里，凝留在我的心中。读书使毛泽东开阔了视野，增长了知识，增加了智慧；读书使毛泽东在青年时代就成长为一个坚定的、伟大的马克思主义者。青少年时期，毛泽东读书"像牛闯进了菜园吃个不停"，晚年的毛泽东多种疾病在身，不能站立、不能走路，每天躺在床上还坚持读书。读书是毛泽东人生实践的重要组成部分。读书是毛泽东人生舞台中的重要剧目。在日常生活里，毛泽东身边不能没有书，毛泽东每天不能不读书。毛泽东在成长中读书，在读书中成长；毛泽东在实践中读书，在读书中实践、成长、进步、成才。读书使他更智慧、更伟大、更有才华。毛泽东是湖南韶山冲的一个普通农家孩子，自幼生长在农村。从小读过私塾，上过师范。后来逐步走上革命道路，成长为全中国各族人民的伟大领袖，成长为中国新民主主义革命和社会主义建设的最伟大的领导者。毛泽东没有上过大学，他能成为"举世无双的领袖"。他渊博的知识和伟大的领导才能全是靠自己博览群书与广泛地、不懈地深入实际读"无字之书"。读书成就了毛泽东，实践造就了毛泽东。今天有机会与各位读者朋友们一起回忆、缅怀毛泽东的读书生活，把我们服务工作过程中的所见所闻、所思所想、所感所获与大家一起分享，以此来纪念毛泽东，缅怀毛泽东，学习毛泽东，弘扬毛泽东。以此来推进、改进、丰富我们自己的读书生活。

《毛泽东读书生活十二讲》的主旨是帮助广大中青年读者认识、了解毛泽东的读书生活、读书精神。从毛泽东一生的读书生活中得到启示，开阔视野，拓宽思路，从而促使、促进自己多读书、善读书，多实践、快成长，为实现中华民族伟大复兴的中国梦多做实事、多做贡献。

《毛泽东读书生活十二讲》是我参照中国教育电视台讲座的形式和原则要求草拟的，也是一种新的尝试。本书主要是面向广大中青年读者和广大中小学生的，所以，语言文字力求简明、简要、简洁、简单，力求通俗易读、易懂、易学、易记、易用。但因我学识、水平、能力有限，书中定有不当不妥之处，敬请广大读者朋友批评指正。

主讲人　徐中远

2017 年 10 月 26 日

目　　录

毛泽东

读书生活十二讲

MAO ZEDONG DUSHU SHENGHUO SHIER JIANG

第一讲 毛泽东青少年时期的读书、追求与成长之路

2013 年 12 月 26 日，习近平总书记在纪念毛泽东同志诞辰 120 周年座谈会上的讲话中指出：

毛泽东同志是中国共产党、中国人民解放军、中华人民共和国的主要缔造者。

毛泽东同志是伟大的马克思主义者，伟大的无产阶级革命家、战略家、理论家，是马克思主义中国化的伟大开拓者，是近代以来中国伟大的爱国者和民族英雄，是党的第一代中央领导集体的核心，是领导中国人民彻底改变自己命运和国家面貌的一代伟人。

毛泽东同志等老一辈革命家，都是从近代以来中国历史发展的时势中产生的伟大人物，

都是从近代以来中国人民抵御外敌入侵、反抗民族压迫和阶级压迫的艰苦卓绝斗争中产生的伟大人物，都是走在中华民族和世界进步潮流前列的伟大人物。

一、毛泽东青少年时期的读书与追求

毛泽东青少年时期的读书与追求主要表现在两大方面：一是非常重视读"有字之书"；二是非常重视读"天下国家万事万物"的"无字之书"，即包括"天下国家万事万物"在内的社会与自然界的实际。既重视读书本上的"有字之书"，又重视密切联系实际读"天下国家万事万物"这本"无字之书"。这就是毛泽东青少年时代的读书与追求。

毛泽东从小就很爱读书。在1936年同斯诺谈话时他说："我8岁那年开始在本地一个小学里读书，一直在那里读到13岁。清早和晚上我在地里劳动，白天我读儒家的《论语》等四书。"毛泽东读书自幼就善于思考，他从所读的大量书籍里，发现多是写的将相乡绅，很少写种地的农民。从而得出了书中的那些"有名人物"，大都握有兵权，拥有土地，根本不必劳作就得到农民的供养这样一个朴素的道理。这种认识为他以后要彻底改变剥削制度，建立一个新中国打下了思想基础。1912年春，毛泽东以第一名的优异成绩考取了著名的湖南省立高等中学（后改名为"湖南省立第一中学"）。因为忍耐不了刻板的课程和烦琐的校规，半年后他又离开了湖南省立第一中学，到湘乡会馆（依托湖南图书馆）自学读书。在这里他如鱼得水，在知识的海洋里遨游。每天图书馆一开门，他是第一个进门的人。中午肚子饿了就去买两个烧饼充饥，就又一直到图书馆晚上关门，他才最后一个出来。他自己曾回忆这一段的读书生活时说："进到图书馆，看到图书馆书架上放满的书籍，就一本接一本地不停地读。如同牛跑进了菜园子，看到到处是新鲜的青菜，一个劲儿地不停地吃！"这时候，他读书的兴趣已不再是《三国演义》、《水浒》等小说了，而是18、19世纪西方资产阶级民主主义和近代科学的著作，如卢梭的《民约论》、达尔文的《物种起源》、亚当·斯密的《原富》、孟德斯鸠的《法意》、赫胥黎的《天演论》等，这些书籍的研读，使他比较集中地接受了一次西方近代思想文化的启蒙教育。特别是他每天都能见到的图书馆墙上挂着的那张《世界坤舆大地图》，更使他开阔了眼界，受到了启迪，增长了见识。通过这张地图，他知道了世界之大、湖南之小。由此，他联想起很多，韶山的劳动人民生活苦，湘潭的劳动人民生活苦，湖南的劳动人民生活也很苦，那么全中国、全世界的劳动人民又何尝不是如此呢？这种大多数人受苦，少数人享受的现象，是绝对不合理的，应当彻底改造！从此看出，毛泽东从青年时代就胸怀祖国，放眼世界，决心拯救中国乃至全世界受苦受难的人民了。这就是毛泽东青少年时期的追求。

1910年秋天，17岁的毛泽东离开家乡韶山，走向外面更广阔的天地。临行前，他怀着非常激动的心情抄写一首诗夹在他父亲每天必看的账簿里，以作告别。这首诗是这样写的：

孩儿立志出乡关，学不成名誓不还。
埋骨何须桑梓地，人生无处不青山。

毛泽东用此诗借以表达自己一心求学、胸怀四方的志向、决心和意志。据说，这首诗原是日本人所作，陈独秀主编的《青年杂志》第1卷第5号曾译载此诗。毛泽东将原诗的"学不成名死不还"中的"死"字改成"誓"字，"学不成名誓不还"。毛泽东用此诗借以表达自己一心求学、胸怀祖国、面向未来的崇高志向、决心和追求。

毛泽东在青少年时期读书与追求的实践表明，他在青年时期就立下拯救民族于危难的远大志向。1919年（26岁时），毛泽东同志在

《〈湘江评论〉创刊宣言》中写道："时机到了！世界的大潮卷得更急了！洞庭湖的闸门动了，且开了！浩浩荡荡的新思潮业已奔腾澎湃于湘江两岸了！顺他的生，逆他的死。"年轻的毛泽东，"书生意气，挥斥方遒。指点江山，激扬文字"，既有"问苍茫大地，谁主沉浮"的仰天长问，又有"到中流击水，浪遏飞舟"的浩然壮气。毛泽东青年时期就形成的追求真理、拯救中华民族危难的远大志向，不是头脑里固有的，而是在他读了马克思、恩格斯的著作《共产党宣言》之后逐步形成的。

《共产党宣言》是毛泽东读的第一本马列主义著作，时间是 1920年。后来的 56 年里，对这本马克思主义的经典著作，毛泽东不知反复读过多少遍，这本书中的许多精辟论断，他几乎全能背下来。《共产党宣言》是毛泽东一生最爱读的、也是读的遍数最多的一本马列主义经典著作。正是这本马克思主义的划时代著作，成了毛泽东选择科学社会主义的入门向导。他自己曾说，读了《共产党宣言》这本书，"我才知道人类自有史以来就有阶级斗争，阶级斗争是社会发展的原动力，初步地得到认识问题的方法论。可是这些书上，并没有中国的湖南、湖北，也没有中国的蒋介石和陈独秀。我只取了它四个字：'阶级斗争'，老老实实地来开始研究实际的阶级斗争。"① 后来，毛泽东自己回忆说：正是《共产党宣言》这部马克思主义著作，"使我树立起对马克思主义的信仰。我接受马克思主义、认为它是对历史的正确解释，以后，就一直没有动摇过。"② 从此，毛泽东就确立了对《共产党宣言》基本原理的终身信仰，开始了他对真理漫漫的执着追求。在此后的革命生涯中，不管是"倒海翻江卷巨澜"，还是"雄关漫道真如铁"，毛泽东同志始终都矢志不移、执着地追求。

---

① 《毛泽东文集》第二卷，人民出版社 1993 年版，第 379 页。
② 《毛泽东一九三六年同斯诺的谈话》，人民出版社 1979 年版，第 39 页。

二、读《伦理学原理》与批注

　　说到毛泽东青少年时期密切联系"天下国家万事万物"读书的事，这里，我想简要介绍毛泽东1917—1918年在湖南求学时读《伦理学原理》（德国泡尔生著，蔡元培译，商务印书馆1913年10月出版）一书批注的有关情况。毛泽东在读《伦理学原理》一书的过程中，边读边用心思考，一边读一边想，随思、随想、随批。《伦理学原理》全书原文共约10万字，毛泽东边读、边想，用近似7号铅字大小的蝇头行楷写下的批注文字共达1.2万余字。它是毛泽东早年写有批注文字保存下来的最完整、批注文字最多的一本读书批注。

　　统观毛泽东读《伦理学原理》所写的批注，绝大部分都是毛泽东联系中国当时的社会、中国历史及其本人的思想认识等方方面面的实际，非常坦诚地、非常鲜明地表明他的主张、观点、看法和想法的。我在这里只举以下两例加以说明。

　　原著中有一段文字写道："且一切杀身成仁之事，亦皆含有保存小己之义，即所以保存其观念中之小己者也。彼列格路何尝不以生活为鹄，惟其所鹄者，非形质界之生活而精神界之生活耳。其效力国家，无论和战，必鞠躬尽瘁，死而后已。固以为非使罗马民族品位崇高，名誉发扬，则己之职分固有所未尽焉，此其所以与罗马民族之名俱不朽于千载者也。"毛泽东读了这段话之后，密切联系他个人当时的思想认识实际和国家的历史实际写下了一条长达361个字的批注："此语甚精。观此语始知泡氏亦以个人主义为基础，此个人主义乃为精神的，可谓之精神之个人主义。个人有无上之价值，百般之价值依个人而存，使无个人（或个体）则无宇宙，故谓个人之价值大于宇宙之价值可也。故凡有压抑个人，违背个性者，罪莫大焉。故吾国之三纲在所必去，而教会、资本家、君主、国家四者，同为天下之恶魔也。或曰个人依团体而存，与团体之因个人而存其事相等，盖互相依存不可偏重也。是不然。事固先有个人而后有团体，个人离团体固不能独存，然团体无意思，其有意思仍系集合个人之意思也。……人一身乃集许多小个体而成，社会乃集许多个人而成，国家乃集许多社会而成。当其散则多，及其成则一。故个人、社会、国家皆个人也，宇宙亦一个人也。故谓世无团体，只有个人，亦无不可。"批注的字里行间隐现着毛泽东注重个人价值的思想观点，那时就提出"吾国之三纲在所必去"（"三纲"是指封建社会"君为臣纲，父为子纲，夫为妻纲"——笔者注），"而教会、资本家、君主、国家四者，同为天下之恶魔也"，可见毛泽东在五四运动前夕就已经萌生了反帝反封建的思想，批注的文字也鲜明地表明了毛泽东对半封建半殖民地的旧中国社会制度的憎恶观念。

第二条批注。书上原文是："……征之历史，国民皆不免有老衰萎缩之时，若思惟行为一定之习惯，若历史沿袭之思想，若构造，若权利，与时俱增。于是传说足以阻革新之气，……而此历史界之有机体，卒不免于殄灭。当是时也，各人又安有能力，用以生殖传衍，本旧文明之元素，以构新历史之实质耶？人类全体亦然。虽非历史所能证明，而以此卜论推之，知其不免于绝灭。征之物理学、恒星及太阳系统，皆当历生长老死之阶级。其生也，自他星体而分离，由是发展焉，成熟焉，经无量数之生活，而乃老衰焉，萎缩焉。若地球，若人类，亦莫不然。"读了这段简短的文字后，毛泽东又联系了国家、民族、社会、人民、人类、宇宙及他本人的思想实际写下了470字的批注。毛泽东在批注的开头就写道："中华民国正处此地位"。看到书上的内容，就联系到当时的"中华民国"。紧接着，毛泽东又写道："吾于此处之解释，亦如上文。一人生死之言，本精神不灭、物质不灭为基础（精神物质非绝对相离之二物，其实即一物也，二者乃共存者也）。世上各种现象只有变化，并无生灭成毁也，生死也皆变化也。既无生灭，而只有变化，且必有变化，则成于此必毁于彼，毁于彼者必成于此，成非生，毁非灭也。……国家有灭亡，乃国家现象之变化，土地未灭亡，人民未灭亡也。国家有变化，乃国家日新之机，社会进化所必要也。今之德意志即从前之日耳曼，土地犹是也，人民犹是也。吾尝虑吾中国之将亡，今乃知不然。改建政体，变化民质，改良社会，是亦日耳曼而变为德意志也，无忧也。惟改变之事如何进行，乃是问题。吾意必须再造之，使其如物质之由毁而成，如孩儿之从母腹胎生也。国家如此，民族亦然，人类亦然。各世纪中，各民族起各种之大革命，时时涤旧，染而新之，皆生死成毁之大变化也。宇宙之毁也亦然。宇宙之毁决不终毁也，其毁于此者必成于彼无疑也。吾人甚盼望其毁，盖毁旧宇宙而得新宇宙，岂不愈于旧宇宙耶!"从上述等大量的批注文字中，我们可以清楚地看到，青年时代毛泽东读书的一大特点是紧密联系实际。24 岁的毛泽东在读书求学时就心系祖国，心系中华民族，胸怀全球全人类，对半封建半殖民地的旧中国，他明确提出了"吾意必须再造之，使其如物质之由毁而成，如孩儿之从母腹胎生也"。他认为，"国家如此，民族亦然，人类亦然"，并主张"时时涤旧，染而新之"。青年毛泽东的宏伟抱负、人生追求跃然于读书批注的字里行间。

《伦理学原理》是德国哲学家、伦理学家泡尔生的主要代表作《伦理学体系》的一部分。毛泽东在听课和阅读该书的过程中，非常认真、非常下功夫，书上的天头、地脚等空白处几乎都写满了批注文字。绝大部分批注都是密切联系当时国家、社会、民族实际及他本人思想认识实际，阐述他本人的人生观、伦理观、历史观、宇宙观等种种思想观点、见解和主张。它是毛泽东青少年时代联系实际读书的一本难得的历史资料。这本书至今还很完好地保存在中央档案馆。

说到毛泽东阅读批注过的《伦理学原理》这本书，能保存至今还有这样一段小故事。这本书历经几十年，几经辗转，于 1950 年 9 月下旬才又回到毛泽东主席身边。1949 年新中国成立前夕，毛泽东主席搬到中南海丰泽园菊香书屋办公。菊香书屋是个不大的旧式四合院，毛泽东日常办公、休息都在这里。新情况、新实际、新工作、新需要，毛主席身边存放的图书就越来越多，毛主席在读的、读批过的图书也越来越多，全国新闻出版部门赠送、赠阅的图书、报刊等读物也越来越多。这样，毛主席住地原存放图书的地方就越来越紧张了。到了 60 年代中期，根据毛主席实际藏书的需要，当年的中共中央办公厅领导同志研究决定：将中南海怀仁堂南边的三个院中的增福堂作为毛主席书库，除住地放有一小部分常读的、在读的、毛主席特别喜爱的图书外，其他大部分毛主席的图书都搬放在增福堂。增福堂南边一个院子是永福堂，毛主席秘书田家英曾在这院里办公。北边一个院子是来福堂，当时，我们几个工作人员就在这个院子里办公。三个院子，增福堂最大最好，房间也最多。相当一段时间，毛主席大部分图书、报刊资料都存放在这个院子里。因为几次搬动全靠警卫部队战士们帮忙，人多，搬动又很匆忙，所以有一些图书原存放的顺序就搬乱了，这就需要重新归类整理。我就是在 1972 年一次整理主席图书过程中偶然看到了这本《伦理学原理》。因为当年我看到的毛泽东早年的读书批注文字比较少，对毛主席早年的墨迹不很熟悉，这本书纸张全发黄了、本子又很破旧，它又是与毛泽东其他一些没有批注的图书放在一起的，很不引人注意。所以，我当时并没有认为它是毛泽东读批的书，也没有认为它有多么重要。翻阅之后，看到杨韶华（毛泽东在湖南第一师范同学）在这本书扉页上写下的一段话："此书系若干年前，毛主席润之兄在小吴门外清水塘住所借阅者，嗣后各自东西，不复谋面，珍藏至今，深恐或失！兹趁周敦元学兄北上之便，托其奉还故主，借镜当时思想之一斑，亦人生趣事也。一九五〇年九月十五日杨韶华识"我恍然大悟，才知道这本书正是毛泽东早年读过的，书上的批注文字全是毛主席写的。"周敦元"就是"周世钊"，毛主席的老同乡、老同学。据史料记载，周世钊是 1950 年 9 月下旬，应毛泽东之邀请来北京，之前，杨韶华就将自己 20 年代初在长沙清水塘借阅的这本《伦理学原理》托他归还毛泽东。毛泽东从周世钊手中收到这本书时，非常高兴地翻阅了自己写在书中的批语，微笑着对周世钊说："我当时喜欢读这本书,有什么意见和感想就随时写在书上。现在看来,这些话有好些不正确了。"翻着翻着,接着又非常认真地对周世钊说："这本书的道理也不那么正确,它不是纯粹的唯物论,而是心物二元论。只因那时我们学的都是唯心论一派的学说,一旦接触一点唯物论的东西,就觉得很新颖,很有道理,越读越觉得有趣味。它使我对于批判读过的书,分析所接触的问题,得到了新的启发和帮助。"① 全书从头至尾,毛主席批注、圈画得密密麻麻的。自从我发现了这本书之后,本书的命运就彻底改变了,它又回到了毛泽东批注过的重点保护的图书位置,并增加了防虫、防湿等保护新技术处理。一直到现在,这本书还与其他毛泽东生前阅读批注、批画过的多种书刊放在一起,由有关部门、有关同志妥善地保存着。据我所知,毛泽东晚年没有再看过这本书。

三、重视读"无字之书"

毛泽东青少年时代读"有字之书"下了很多的功夫。读"无字之书"也下了很多的功夫。什么叫读"无字之书"呢?就是深入社会实际、深入自然界、深入到万事万物中去观察、考察、认识、了解真实的社会实际和真实的自然界,认识万事万物的本来面目,下真功夫调查、研究、把握自然界之实际,社会万事万物之实际,由感性认识上升到理性认识,成为革命者绘制革命、斗争、建设、发展之蓝图,制定革命、斗争、建设、发展之战略战术、方针、政策、实施方案等的重要基础和重要依据。这个读"无字之书"的过程,就是接触实际、认识实际、研究实际、把握实际的过程,就是由感性认识到理性认识的过程。

这种读书观念,在青年时代的毛泽东的头脑里就已经萌生。1913

---

① 转引自周世钊:《毛主席青年时期的几个故事》,《新苗》1958 年第 9 期。

年，他在湖南第四师范读书时整理的课堂笔记《讲堂录》中，写有这样一段话："闭门求学，其学无用。欲从天下国家万事万物而学之，则汗漫九垓（广泛的很远很多的实际——笔者注），遍游四宇尚已。"[1] 毛泽东从青年时代就很重视读"无字之书"。1917 年夏，他邀同学萧子昇，利用暑假，以游学方式，游历了湖南长沙、宁乡、益阳、沅江、安乡五县农村，广泛了解农村农民生活。1918 年夏，又和蔡和森到湖南益阳、沅江、岳阳、汉寿等县农村进行了半个多月的社会考察。毛泽东虽然没有走出国门，壮游世界；相反，当许多人都在国外住洋房、吃面包时，他却走向了中国的穷乡僻壤，走向了社会的最底层，住茅屋，吃南瓜。通过调查了解中国社会问题和劳动人民的生活状况，从读"无字之书"中获得了丰富的社会历史知识。

1920 年，毛泽东成为一个马克思主义者之后，他更加注意经常走向社会，深入实际，走进工农群众之中。他把社会实际和奇妙无限的自然界作为学无止境的人生大课堂。后来，他还在许多讲话和谈话中，联系古今中外的历史事实，反复说明一个道理：一个人光有书本知识是不行的，一定要投身到社会实际生活中去学习实际的知识。他认为这是最丰富最生动最有用的、人生永远学不完的知识。

纵观毛泽东青少年时代的读书实践，就是读"有字之书"和读"无字之书"的有机结合。读"有字之书"，毛泽东下了很大的功夫，花费了很多的时间和精力，写下了大量的读书批注，读"有字之书"达数万卷（据我们不完全的统计，毛泽东生前中南海住地的存书就近十万册）；读"无字之书"，毛泽东一生中也下了很多的功夫，花费了很多的时间和精力，走遍了大江南北，踏遍了千山万水，行走数万公里，深入机关、工厂、学校，深入部队、连队，深入农村、农民家中，走到哪里，读到哪里，学到哪里。留下了很多的读"无字之书"的实践、感想、感言和逸闻、佳话、趣事，写下了很多具有真

---

① 《毛泽东早期文稿》，湖南出版社 1990 年版，第 587 页。

知灼见的高水平的调查研究文稿。读"无字之书",他老人家"欲从天下国家万事万物而学之",青年时代立下的志向,躬行一生,坚持不懈,几十年里,他把读"有字之书"之外的时间总是十分用心地用来读"天下"、"国家"、"万事万物"这部天大的"无字之书",一生下功夫,一生不倦,留下了很多动人的传说和故事。读"有字之书",毛泽东是中国共产党人的楷模。读"无字之书",毛泽东也堪称全体中国共产党人的楷模。

本讲结语 ////

　　毛泽东出生在湖南韶山冲一个农民家庭,自幼生长在农村。他从一个普通农民的儿子成长为全中国各族人民的伟大领袖,成长为中国新民主主义革命和社会主义建设的最伟大的领导者。他渊博的知识和伟大的领导才能一是来源于读书,二是来源于实践。知识是从实践中、从书本中来的,才能也是从实践和书本中来的。读书——实践,实践——读书,在实践中读书,在读书中实践,边读书边实践,边实践边读书。这就是毛泽东青少年时期的读书、追求与成长、成功之路。

第一讲　毛泽东青少年时期的读书、追求与成长之路

第二讲　马列著作伴终身

　　毛泽东从 1920 年读《共产党宣言》起，到 1976 年 9 月 9 日逝世时止，身边总有马列著作相伴。说到毛泽东读马列著作，我把它概括为八个字：终身不懈，至死方休。

　　毛泽东主席是马克思主义坚定的信仰者，也是马克思主义矢志不渝的实践者。毛泽东的一生，是孜孜不倦地学习马列著作的一生，也是始终坚持不懈把马克思主义运用到中国、并结合中国的具体实际加以发展和创新的一生。毛泽东是马克思、恩格斯、列宁最忠诚、最优秀的学生，也是马克思主义中国化即创建中国特色马克思主义理论杰出的引路人和实践者。毛泽东由读马列、信马列，到运用马列，丰富马列，发展马列，几十年追求、几十年不懈，直到生命的最后岁月。

对于毛泽东读马列著作的情况，这一讲着重介绍毛泽东读《共产党宣言》、《苏联社会主义经济问题》以及《政治经济学教科书》社会主义部分，这三本著作的有关情况。

一、一本《共产党宣言》读了 57 年

马克思、恩格斯的著作《共产党宣言》，是毛泽东读的第一本马列主义著作，时间是 1920 年，毛泽东时年 27 岁。此后的 57 年里，对这本马克思主义的经典著作，毛泽东不知反复读过多少次，这本书中的许多精辟论断，他几乎全能背下来。

《共产党宣言》为年轻的毛泽东指明了前进的道路，在前进的道路上，毛泽东也一直恪守《共产党宣言》的思想、理论。他信仰《共产党宣言》，一生都在践行《共产党宣言》。

毛泽东是怎样读《共产党宣言》的呢？带着实际问题，或者遇到实际问题就读《共产党宣言》，从《共产党宣言》中找答案，找解决的办法。这是毛泽东读《共产党宣言》的主要做法。新民主主义时期是这样，新中国成立初期到 20 世纪 60 年代中期，毛泽东一直都是这样做的。面对实际的困难和遇到的实际问题，毛泽东不仅自己反复研读《共产党宣言》，而且多次提醒领导干部和全党同志注意学习这部经典著作。1942 年 11 月，他在西北局高干会议上讲布尔什维克化十二条时指出：我们要注重理论，高级干部要准备读书，从《共产党宣言》起，要能读几十本马克思主义的书，就把我们的党大大地武装起来了。1945 年，他在党的七大上，又特别提出要读五本马列著作，为首的还是《共产党宣言》。1949 年，在新民主主义革命即将取得全国胜利的时刻，党的七届二中全会决定干部要学习包括《共产党宣言》在内的十二本马列著作，他又亲笔在这十二本书的目录前，加上了"干部必读"四个字，并请即刻印发给七届二中全会。

在一个较长时期内，把这十二本书作为干部学习马列主义的基本教材。

新中国成立之后，面对新的工作、新的实际情况，毛泽东自己又多次用心阅读《共产党宣言》，一边读，一边思考，一边在书上圈圈画画。这本书中有关废除资产阶级所有制，剥夺资产阶级占有他人劳动、奴役他人劳动的权力，与传统的所有制观念决裂等处，都作了密密麻麻的圈画。

1958 年 8 月北戴河会议之后，各地迅速掀起全民炼钢和人民公社化运动的高潮。这年 9 月以后，毛泽东对《共产党宣言》中有关建立公有制方面的论述读得更加仔细，在很多地方作了圈点批画。

《共产党宣言》是指导和解决中国新民主主义革命不断取得胜利和社会主义建设事业不断开拓前进的强大的思想理论武器。我国 28 年的新民主主义的革命，新中国成立初期的社会主义建设事业，都是前人没做过的伟大事业。毛泽东在领导全国各族人民的实践中进行探索。在探索、实践中历尽磨难、历尽艰辛。面对前进道路上遇到的种种艰难险阻，种种没有想到而实际遇到了的困难和问题，怎么办？毛泽东一条重要的方法就是靠读《共产党宣言》，从《共产党宣言》中找到克服困难、解决问题的信心和力量，找到战胜困难、解决问题的启示、思路、途径和办法。对于这一点，毛泽东自己曾这样说过："要学马列主义经典著作，要精读，读了还要理解它，要结合中国国情，结合自己的工作实践去分析、去探索、去理解。理论和实践结合了，理论就会是行动的指南。"毛泽东还说："遇到问题，我就翻阅马克思的《共产党宣言》，有时只阅读一两段，有时全篇都读，每阅读一次，我都有新的启发。我写《新民主主义论》时，《共产党宣言》就翻阅过多少次。"①

---

① 曾志：《谈谈我知道的毛主席》，《缅怀毛泽东》上，中央文献出版社 1993 年版，第 400—401 页。

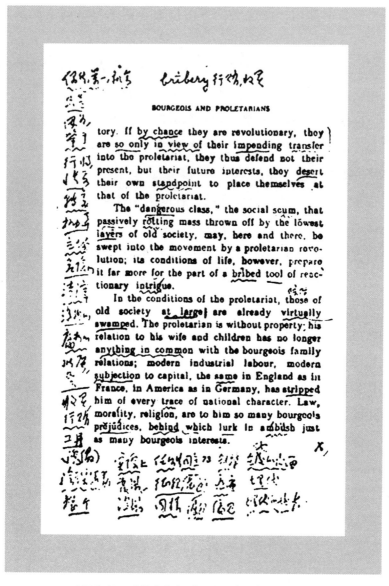

毛泽东学习过的英文版《共产党宣言》中的一页

  毛泽东不但研读中文版的《共产党宣言》，而且对英文版的《共产党宣言》也颇有兴趣。他老人家当年的秘书林克同志回忆说：从1954年秋天起，毛主席重新开始学英语。"毛主席想学一些马列主义经典著作的英文本，第一本选的就是《共产党宣言》，这本书的文字比较艰深，而且生字比较多，学起来当然有不少困难，但是他的毅力非常坚强。我发现他在《共产党宣言》的第一页到最后一页，都密密麻麻地用蝇头小字注得很整齐，很仔细，他的这种精神，很感人。"对于这部英文版的《共产党宣言》，一直到晚年，毛泽东每重读一遍，就补注一次。他老人家还风趣地说："我活一天就要学习一天，尽可能多学一点，不然，见马克思的时候怎么办？"

一部《共产党宣言》传到中国，毛泽东前后读了57年。57年里，不知道他到底读过多少遍呢！在他老人家生命最后几年的岁月里，会客的书房里、卧室的床上还一直放着一本大字线装本的《共产党宣言》和两本战争年代出版的字很小的、本子很破旧的《共产党宣言》。因为字太小，他的眼睛看不清，所以就用1963年印制的大字线装本对照着看。他老人家读过的版本就存放在中南海故居：有1943年延安解放出版社出版，博古译的版本；1949年解放出版社出版，根据苏联莫斯科外文书局出版局中文版翻印的版本；1964年人民出版社出版，中共中央马恩列斯著作编译局翻印的大字本等几种。1976年9月毛泽东逝世以后，我们在他书房床边经常阅读的书中，还发现了两本战争年代出版的《共产党宣言》，还有他生前读过的英文版。当然，这还不是很完全的，1920年陈望道的翻译本，故居里就没有看到。还有战争年代他读过的已经丢失的各种版本。1939年年底，他自己说《共产党宣言》读了不下一百遍，后来的几十年里他又读了多少遍（包括读英文版的《共产党宣言》），这谁能说清楚呢！我们知道的是：《共产党宣言》陪伴毛泽东57年，毛泽东读《共产党宣言》也读了57年，是毛主席一生中读的时间最长，也是读得最多的一本马列主义著作。

二、联系当时实际读《苏联社会主义经济问题》

下面，我再向各位读者介绍一下毛泽东联系当时实际读《苏联

社会主义经济问题》一书的有关情况。

新中国成立后，党的工作重心逐步转移到了经济建设上来。这时候，毛泽东读书的重点也随之转移到马列经济学经典著作上来。据我们的记录，这段时间毛泽东先后阅读过的马列经济学方面的著作主要有：《哥达纲领批判》、《政治经济学批判》、《经济学大纲》、《资本论》、《帝国主义是资本主义的最高阶段》、《列宁有关政治经济学论文十三篇》、《马恩列斯论共产主义社会》、《苏联社会主义经济问题》、《俄国资本主义的发展》等。我们知道，这一时期毛泽东读马列著作读得最多、下功夫最多的是《苏联社会主义经济问题》一书。

《苏联社会主义经济问题》一书是斯大林经济思想的代表作，是斯大林对苏联三十多年来社会主义建设的经验总结。

斯大林的这部著作，1953 年中文版一出版，毛泽东就很快地通读了一遍，并在封面上用铅笔画了一个大大的圆圈，表示他已经读过

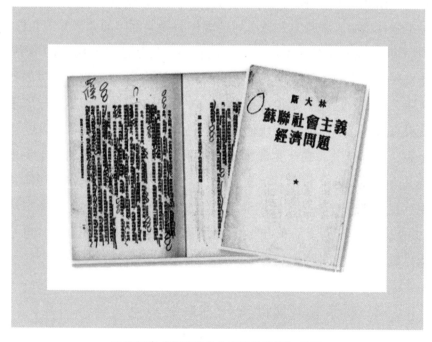

毛泽东读《苏联社会主义经济问题》批画

看来还得生产。美、法、德、瑞、挪、丹、荷、比、卢都不如英吗？

关于社会主义制度有关商品

在十九世纪末叶（本）批评论出版的时候，只有英国一个国家是这样的国家，在那里，工业和农业中的资本主义发展和生产集中已达到这样的高度，以致有可能在无数附属和附庸国内的一切生产资料归业民所有，并且清除商品生产。

在这里，我撇开了在英国国民经济中占有颇大比重的对外贸易对于英国的意义这个问题。我以为，只有研究了这个问题之后，才能很好地解决在英国将生产资料收归业有并把一切生产资料收归……甚至，不但在十九世纪末叶，而且在现时也还没有一个国家在农业中有集中是已经达到了使我们在英国所看到的那种规模，至于说到其他的国家，那些最发达的资本主义的乡村中却都有人数相当多的中小私有生产者阶级，那些人的命运是在……

但是这里有一个问题。如果在某个国家内，其中也有中小私有者，工业中的资本主义发展却如此集中，以致可以剥夺它们，而因有人数众多的中小私有集中是已经具备，可是那里的农业，虽然有了资本主义把生产资料和把一切生产资料收归业有，以致没有可能提出剥夺这些生产者的问题，那末，怎么办呢？以致没有如此分散，因而也必然如此分散，那末，恩格斯的公式对于这个问题并没有给予回答，这个公式本来也不是替这个问题提供回答这个问题，因为它

一〇

毛泽东读《苏联社会主义经济问题》的批注："看来还得生产商品。美、法、德、瑞、挪、丹、荷、比、卢都不如英吗？"

一遍。1957年，本书又出了第二版，毛泽东又多次阅读，一边读，一边批画。我们从存书中看到，他批注、圈画过的就有四个本子，书上留下了不同颜色的批注文字和圈画符号。由此可见，毛泽东读《苏联社会主义经济问题》一书是下了很多功夫的。

毛泽东在读《苏联社会主义经济问题》时，对书中论述社会主义制度下经济法则的性质问题很重视。"关于社会主义制度下经济法则的性质问题"一节，他在"经济法则的性质"下用铅笔画了三条着重线，对这一章的内容，三本书中都密密麻麻地画着着重线和圆圈，在重要的段落下画着两个圈、三个圈，有的天头上还画着三个圈，并批注："这是完全重要的一章。"① 在书中批评那种认为"苏维埃政权有可能来消灭现存的经济法则和创造新的经济法则"时，毛泽东批注："这是一个客观的法则。"他还进一步联系实际问："我们是否研究了、掌握了、学会熟练地应用了这个客观法则？我们的计划是否完全反映了这个客观法则？"② 同时还在这一段的天头上画了一个大圈。在书中讲到"生产关系一定要适合生产力性质这个经济法则"时，批注："在往后亿万年中，生产力性质不会不发生变化的为了一定要适合它，生产关系也得改变，而且将有无数的改变。"

"关于社会主义制度下的商品生产问题"一章，毛泽东在"商品生产"下画双直线，文内几乎全画直线、双直线、圈、双圈、三个圈、三角等等他特有的标记。对文中批评那种认为党在取得政权并把生产资料收归国有以后就应当消除商品生产的观点，毛泽东认为："我们也有这样的人"。③ 1958年陈伯达、张春桥等人提出取消商品生产，甚至废除货币的主张。在1958年11月召开的第一次郑州会议上，10日上午和下午，毛泽东两次讲话，谈他对斯大林《苏联社会主义经济问题》一书的看法，着重批评混淆集体所有制同全民所有

① 《建国以来毛泽东文稿》第七册，中央文献出版社1992年版，第661页。
② 《建国以来毛泽东文稿》第七册，中央文献出版社1992年版，第664页。
③ 《建国以来毛泽东文稿》第七册，中央文献出版社1992年版，第663、665页。

制的界限和取消商品的错误观点。

他说:"现在仍然是农民问题。有些同志忽然把农民看得很高,以为农民是第一,工人是第二了,农民甚至比工人阶级还高,是老大哥了。""这样看,是不是马克思主义的?有的同志读马克思主义教科书时是马克思主义者,一碰到实际问题就要打折扣。""于是谨慎小心,避开使用还有积极意义的资本主义范畴——商品生产、商品流通、价值法则等来为社会主义服务。第三十六条①的写法就是证据,尽量用不明显的词句,来蒙混过关,以便显得农民进入共产主义了。这是对马克思主义不彻底、不严肃的态度。这是关系到几亿农民的事。""我们没有宣布土地国有,而是宣布土地、种子、牲畜、大小农具社有。这一段时期内,只有经过商品生产、商品交换,才能引导农民发展生产,进入全民所有制。"

他又说:"现在,我们有些人大有要消灭商品生产之势。他们向往共产主义,一提商品生产就发愁,觉得这是资本主义的东西,没有分清社会主义商品生产和资本主义商品生产的区别,不懂得在社会主义条件下利用商品生产的作用的重要性。这是不承认客观法则的表现,是不认识五亿农民的问题。在社会主义时期,应当利用商品生产来团结几亿农民。我以为有了人民公社以后,商品生产、商品交换更要发展,要有计划地大大发展社会主义的商品生产,例如畜产品、大豆、黄麻、肠衣、果木、皮毛。现在有人倾向不要商业了,至少有几十万人不要商业了。这个观点是错误的,这是违背客观法则的。"

他还说:"商品生产不能与资本主义混为一谈。为什么怕商品生产?无非是怕资本主义。现在是国家同人民公社做生意,早已排除资

---

① 指《十五年社会主义建设纲要四十条(1958—1972)》第一次修正稿修改时重新改写的第三十六条,内容是:"人民公社应当根据必要的社会分工发展生产,既要增加自给性产品,又必须增加用以交换的产品。产品的交换,除了在公社相互之间可以继续采取合同制度以外,在国家和公社之间,应当逐步地从合同制度过渡到调拨制度。"

本主义，怕商品生产做什么？不要怕，我看要大大发展商品生产。"①

1958年陈伯达、张春桥等人提出取消商品生产，甚至废除货币的主张。针对这种错误的观点和主张，毛泽东同志气愤地说："现在秀才（指陈伯达）要造反了，你们知道不知道？今天我给大家开课，讲《苏联社会主义经济问题》。"他结合我国的具体实践，领着与会同志逐章逐段地分析了斯大林的这本书，驳斥了陈伯达的错误观点。对于斯大林著作中的观点，毛泽东同志有肯定和发挥，也有否定和商榷。

毛泽东不仅自己下功夫读《苏联社会主义经济问题》，而且还要求中央、省区市、地、县四级党委委员同志读这本书。1958年11月9日，毛泽东亲自给中央、省区市、地、县四级党委委员写信。他在信中写道："不为别的，单为一件事：向同志们建议读两本书。一本，斯大林著《苏联社会主义经济问题》；一本，《马恩列斯论共产主义社会》。每人每本用心读三遍，随读随想，加以分析，哪些是正确的（我以为这是主要的）；哪些说得不正确，或者不大正确，或者模糊影响，作者对于所要说的问题，在某些点上，自己并不甚清楚。读时，三五个人为一组，逐章逐节加以讨论，有两至三个月，也就可能读通了。要联系中国社会主义经济革命和经济建设去读这两本书，使自己获得一个清醒的头脑，以利指导我们伟大的经济工作。……

为此目的，我建议你们读这两本书。将来有时间，可以再读一本，就是苏联同志们编的那本《政治经济学教科书》。乡级同志如有兴趣，也可以读。"②

1958年11月初，参加第一次郑州会议的同志每人发了这两本书。会上，毛泽东带领大家边读边议。

1961年6月12日上午，毛泽东在中央工作会议结束时的讲话中

---

① 《毛泽东文集》第七卷，人民出版社1999年版，第436—439页。
② 《毛泽东书信选集》，中央文献出版社2003年版，第508—509页。

又建议大家再读一读斯大林的《苏联社会主义经济问题》。他说："这本书只有极少数个别问题有毛病，我最近又看了三遍。他讲客观规律，把社会科学的这种客观真理，同自然科学的客观真理并提，你违反了它，就一定要受惩罚。我们就是受了惩罚，最近三年受了大惩罚。"① 毛泽东在这里说对《苏联社会主义经济问题》一书，"我最近又看了三遍"。从 1953 年中文版出版特别是从 1958 年以来，他又多次强调，号召大家读这本书。这次他说"又看了三遍"，他看过的本子至少有四种，在多种会上还与大家一起读，一起讨论。这本书，毛泽东到底读了多少遍我也是很难说清楚的。

三、组成读书小组专读《政治经济学教科书》
　　社会主义部分

《政治经济学教科书》是由苏联科学院经济研究所研究人员集体编写的。

这里，我先向读者介绍 1960 年年初，毛泽东读苏联《政治经济学教科书》的时候说过的一段很重要的话："我们党里有人说，学哲学只要读《反杜林论》、《唯物主义和经验批判主义》就够了，其他的书可以不读。这种观点是错的。马克思这些老祖宗的书，必须读，他们的基本原理必须遵守，这是第一。但是，任何国家的共产党，任何国家的思想界都要创造新的理论，写作新的著作，产生自己的理论家，来为当前的政治服务，单靠老祖宗是不行的。只有马克思和恩格斯，没有列宁，不写出'两个策略'等著作，就不能解决 1905 年和以后出现的新问题。单有 1908 年的《唯物主义和经验批判主义》，还不足以对付十月革命前后发生的新问题。适应这个时期革命的需要，列宁就写了《帝国主义论》、《国家与革命》等著作，列宁死了，

───────────

① 《毛泽东传》第五册，中央文献出版社 2011 年版，第 2128 页。

又需要斯大林写出《列宁主义基础》和《列宁主义问题》这样的著作，来对付反对派，保卫列宁主义。我们在第二次国内革命战争末期和抗战初期写了《实践论》、《矛盾论》，这些都是适应于当时的需要而不能不写的。现在，我们已经进入社会主义时代，出现了一系列的新问题，如果单有《实践论》、《矛盾论》，不适应新的需要，写出新的著作，形成新的理论，也是不行的。"①

这段意味深长的话，足以表明毛泽东读马列著作，学习研究马列著作的态度。

毛泽东读苏联《政治经济学教科书》社会主义部分，时间集中在 20 世纪 50 年代后期和 60 年代前期。在这一时期，他不仅自己读，而且还号召党的各级领导干部读。他要求"每人每本用心读三遍，随读随想，加以分析"。这一时期几种不同版本的苏联《政治经济学教科书》，他都用心读过，从种种批注的笔迹和批画的情形来看，许多篇章他至少读过五遍以上。读书的方式有三种：一是自己一个人读，随读随想；二是与其他的几个人一起读，边读边议，甚至展开讨论；三是在会议上与与会人员一起读，边读边想边讲。总之，在这一时期，毛泽东读苏联《政治经济学教科书》是下了很多功夫的。为什么这样下功夫读这本书呢？最主要的目的就是为使自己头脑清醒，以便更好地指导当时国家的经济工作。无论对毛泽东个人来说，还是对当时的各级领导干部来说，在领导中国社会主义经济革命和经济建设的工作中，特别是针对 1958 年"大跃进"中发生的一些实际问题，存在一些混乱思想。怎么办？怎样统一大家的思想？当时，毛泽东的想法就是通过读马列著作和苏联《政治经济学教科书》来统一大家的思想，纠正思想认识上的一些模糊观念。

从 1958 年 11 月至 1960 年 1 月，毛泽东曾经多次号召党的各级领导干部读苏联《政治经济学教科书》。

---

① 《毛泽东传》第五册，中央文献出版社 2011 年版，第 2011—2012 页。

1958 年 11 月 9 日，毛泽东在致中央、省区市、地、县四级党委委员的信中，建议广大干部有时间可以读读苏联编的那本《政治经济学教科书》。

1958 年 11 月 21 日，在武昌政治局会议上，毛泽东又批示印发中国科学院经济研究所整理的《苏联〈政治经济学教科书〉第三版的重要修改和补充》给与会人员。他在会议的讲话中说：苏联《政治经济学教科书》第三版的要点，你们看一下。我们这些人，包括我在内，社会主义经济规律是什么东西，过去是不管它的；现在我们真正搞起来了，全国也议论纷纷。斯大林的书，我们要看一下，《政治经济学教科书》也要看，每人发一本，把社会主义部分看一遍。

在 1958 年 12 月的八届六中全会上，毛泽东说：郑州会议提出研究斯大林这本书，苏联的《政治经济学教科书》，还有一本《马恩列斯论共产主义社会》。大家没有看，要拿出几个月时间请各省组织一下。

1959 年 7 月 2 日，毛泽东在庐山会议的开幕式上说："有鉴于去年许多领导同志，县、社干部，对于社会主义经济问题还不大了解，不懂得经济发展规律，有鉴于现在工作中还有事务主义，所以应当好好读书。……中央、省、市、地委一级委员，包括县委书记，都要读苏联《政治经济学教科书》（第三版）。时间三至六个月，或者一年。……现在这些人都是热锅上的蚂蚁，要把他们拿出来冷一下。去年有了一年的实践，再读书会更好些。学习苏联，要读《政治经济学教科书》，教科书有缺点，但比较完整。"[1]

1960 年 1 月，在上海中央工作会议讨论国民经济计划时，毛泽东再次号召领导干部要学习苏联《政治经济学教科书》。他说：我有一个建议，中央各部门的党组，各省、市、自治区党委，应组织起来读《政治经济学教科书》，先读下半部（社会主义部分）。……以第

第二讲　马列著作伴终身

---

① 《毛泽东文集》第八卷，人民出版社 1999 年版，第 75—76 页。

一书记挂帅，组织个读书小组，把它读一遍。至于上半部（资本主义部分），也要定个期限。今年主要精力恐怕是读经济学。

毛泽东深感各级干部非常缺乏经济学的知识，他自己也觉得需要加强这方面的学习和思考。所以，在号召各级领导干部学《政治经济学教科书》的同时，从 1959 年 12 月到 1960 年 2 月，他自己带头读书，还指定陈伯达、胡绳、邓力群、田家英等人组成了一个读书小组，与他一起读《政治经济学教科书》。采取边读边议的方法，逐章逐节阅读和讨论，在读书讨论过程中，毛泽东先后发表许多谈话。谈话的主要内容、观点等，可详见当时一起读书的邓力群写的回忆《毛泽东读社会主义政治经济学批注和谈话》（清样本，中华人民共和国国史学会 1998 年 1 月印）。

毛泽东读书很认真，一边听朗读，一边看书本，还不时在一些提法下面画横道，或者在旁边画竖道，有的段落，毛泽东画了以后接着就发表议论，有的长，有的短。有的段落，毛泽东没有发表议论，只是说了"对"、"好"、"正确"、"赞成"、"同意"，或者"不对"、"不正确"、"不赞成"、"不同意"。

毛泽东读《政治经济学教科书》谈话内容涉及的范围非常广泛，包括哲学、经济学、科学社会主义、国际问题、当时国内的一些政策问题，以及对一些历史事件和历史人物的评价等等。

毛泽东读这本教科书，有一个显著特点，就是紧密结合当时中国的实际，结合当时中国正在做的事情和他个人正在思考的问题，发表议论。有些是有感而发，有些是带有总结经验的性质。并且从中国的经验同苏联的经验相比较中，来探讨一些问题。毛泽东读教科书的另一个显著特点，就是独立思考，又有分析。他说这次读书采取了"跟着书走"的方法，是为了了解作者的观点和方法。但他的思想并没有只是跟着书走，而且既肯定正确的东西，又大胆怀疑，提出许多不同的观点和独到的见解。毛泽东读教科书还有一个显著特点，就是他是作为一个革命家、政治家、战略家，而不是作为一个学者来读；

他不是在那里坐而论道，而是一边读书一边考虑中国应该怎样做。这次读书是在庐山会议之后，不可避免地反映出他的一些"左"的观点。但又因为有了"大跃进"之后纠"左"的一段经历，因而同发动"大跃进"时又有所不同。

毛泽东读《政治经济学教科书》谈话中，提出许多重要的思想观点。例如：关于怎样掌握完整的世界观和方法论的问题；关于如何认识规律的问题；关于如何研究政治经济学的问题；关于生产力的大发展，总是在生产关系改变以后而不是生产关系改变之前的观点；关于社会主义社会两种所有制问题；关于劳动生产过程中人与人的关系问题；关于社会主义条件下价值规律的作用问题；关于社会主义国家怎样对待物质利益原则的问题；关于社会主义社会发展阶段论的观点；关于中国四个现代化的提法问题；关于战争与和平的问题；关于任何国家的共产党都要创造新的理论的问题。

运用对立统一规律分析矛盾，是毛泽东一生中观察问题、研究问题和处理问题使用的根本方法。这个方法始终贯穿在读《政治经济学教科书》的谈话之中。他说："对立统一的法则，对各种事物都是适用的。这样来研究问题、看问题，就有了一贯的完整的世界观和方法论。"① 毛泽东批评教科书没有运用这个世界观和方法论来分析事物。他说，当作一门科学，应当从分析矛盾出发，否则就不能成其为科学。

毛泽东用对立统一规律，来说明量变与质变的关系，说明量变中就有部分质变的道理。部分质变论，并不是毛泽东最先提出的，但他重新提起并加以发挥，在中国哲学界产生了广泛影响。这个观点，在他看来，不仅有哲学意义，还有实践意义。就像他所说的："在一个长过程中，在进入最后的质变以前，一定经过不断的量变和许多的部分质变。这里有个主观能动性的问题。如果我们在工作中，不促进大

_____

① 《毛泽东文集》第八卷，人民出版社 1999 年版，第 106—107 页。

第二讲　马列著作伴终身

量的量变，不促进许多的部分质变，最后的质变就不能来到。"①

关于如何认识事物规律的问题，毛泽东说："要认识事物发展的客观规律，必须进行实践，在实践中必须采取马克思主义的态度来进行研究，而且必须经过胜利和失败的比较。反复实践，反复学习，经过多次胜利和失败，并且认真进行研究，才能逐步使自己的认识合乎规律。只看见胜利，没有看见失败，要认识规律是不行的。"② 毛泽东批评这本教科书总是先下定义，从规律出发来解释问题，有点像政治经济学辞典。他说："规律自身不能说明自身。规律存在于历史发展的过程中。……不从历史发展过程的分析下手，规律是说不清楚的。""研究通史的人，如果不研究个别社会、个别时代的历史，是不能写出好的通史来的。研究个别社会，就是要找出个别社会的特殊规律。把个别社会的特殊规律研究清楚了，那末整个社会的普遍规律就容易认识了。要从研究特殊中间，看出一般来，特殊规律搞不清楚，一般规律是搞不清楚的。"③ 这里，他为人们指出了一个研究和认识规律的基本方法。

关于如何研究政治经济学，他说："我们要以生产力和生产关系的平衡和不平衡，生产关系和上层建筑的平衡和不平衡，作为纲，来研究社会主义社会的经济问题。政治经济学研究的对象主要是生产关系，但是要研究清楚生产关系，就必须一方面联系研究生产力，另一方面联系研究上层建筑对生产关系的积极作用和消极作用。这本书提到了国家，但没有加以研究，这是这本书的缺点之一。当然，在政治经济学的研究中，生产力和上层建筑这两方面的研究不能太发展了。生产力的研究太发展了，就成为自然科学、技术科学了；上层建筑的研究太发展了，就成为阶级斗争论、国家论了。"④

---

① 《毛泽东文集》第八卷，人民出版社 1999 年版，第 107 页。
② 《毛泽东文集》第八卷，人民出版社 1999 年版，第 104—105 页。
③ 《毛泽东文集》第八卷，人民出版社 1999 年版，第 106 页。
④ 《毛泽东文集》第八卷，人民出版社 1999 年版，第 130—131 页。

毛泽东说："政治经济学和唯物史观难得分家。"① 他根据世界历史的发展进程，阐述了生产力、生产关系、上层建筑这三者之间的辩证关系。他说："从世界的历史来看，资产阶级工业革命，不是在资产阶级建立自己的国家以前，而是在这以后；资本主义的生产关系的大发展，也不是在上层建筑革命以前，而是在这以后。都是先把上层建筑改变了，生产关系搞好了，上了轨道了，才为生产力的大发展开辟了道路，为物质基础的增强准备了条件。当然，生产关系的革命，是生产力的一定发展所引起的。但是，生产力的大发展，总是在生产关系改变以后。"② "一切革命的历史都证明，并不是先有充分发展的新生产力，然后才改造落后的生产关系，而是要首先造成舆论，进行革命，夺取政权，才有可能消灭旧的生产关系。消灭了旧的生产关系，确立了新的生产关系，这样就为新的生产力的发展开辟了道路。"③ 这是一个重要的理论观点，从根本上说，反映了世界历史发展规律。问题在于，在运用这个理论观点指导社会实践的时候，不能以为只要不断地改变生产关系，自然而然地就能推动生产力的发展，也不能脱离生产力发展的水平对生产关系的变革提出过高过急的要求。

关于社会主义社会两种所有制问题，是毛泽东特别感兴趣、也是谈得比较多的一个问题。这也不奇怪。从"大跃进"以来，他就一直在想这个事情，认为这是摆在他面前的一个现实问题。毛泽东指出，社会主义社会的全民所有制和集体所有制不能长期并存，否则"就不适应生产力的发展，不能充分满足人民生活对农业生产越来越增长的需要，不能充分满足工业对农业原料不断增长的需要。而要满足这种需要，就要把集体所有制转变为全民所有制"。他说："人民公社将来从基本队所有，经过基本社所有，转变为全民所有以后，全

第二讲 马列著作伴终身

---

① 《毛泽东文集》第八卷，人民出版社 1999 年版，第 138 页。
② 《毛泽东文集》第八卷，人民出版社 1999 年版，第 131—132 页。
③ 《毛泽东文集》第八卷，人民出版社 1999 年版，第 132 页。

29

国将出现单一的全民所有制，这会大大促进生产力的发展。""如果不从基本队有制转变为基本社有制，人民公社还不能巩固，还可能垮台。"这些观点，仍然反映了毛泽东急于过渡的心态。从1958年第一次郑州会议以来，毛泽东对当时那种急于过渡的情况，作过一些纠正。庐山会议反右以后，又有明显的反复。他是从两个角度考虑这个问题的。一个是从有利于发展生产力的角度，认为集体经济的规模越大越有利于解放生产力；另一个是从巩固工农联盟的角度，认为在小合作社的基础上，工农联盟也是不巩固的，必须从小合作社发展到人民公社，还必须从人民公社基本队有发展到基本社有，再从社有发展到国有。毛泽东在谈话中，以喜悦的心情，说到一些地方已经提出人民公社如何先从基本队有过渡到基本社有的问题，个别地方甚至已经发生了从社有过渡到国有的问题。应当说，毛泽东在称道一些"过渡"典型时，不是一点担心也没有。什么担心呢？1958年刮"共产风"的深刻教训，他是深记在心里的。他既希望早一点过渡，又怕一平二调的"共产风"再度刮起。他看到浙江的一个材料，说有些公社现在又出现了一平二调的情况。他说："全国都要查查，有没有同类情况，还可能再次出现'共产风'。"他反复叮嘱："我们将来实现这个转变的一个决定性的条件，是社有经济的收入占全社收入的一半以上。在转变的时候，是队共社的产，而不是社共队的产。社员在这种'共产'以后，比在这种'共产'以前有利。"尽管有这些话，但毛泽东对这种"过渡"的称道一传达，事实上就助长了急于"过渡"的"左"的思想。

毛泽东特别重视在劳动生产中人与人的关系问题。这是他从1956年社会主义改造基本完成以后，特别是1958年南宁会议以来，不断强调的一个问题，形成了他的一个思想特点，并且用于指导实践。读教科书时，又反复讲这个问题。他说："所有制问题基本解决以后，最重要的问题是管理问题。这方面是大有文章可做的。劳动生产中人与人的关系，是改变还是不改变，对于推进还是阻碍生产力的发展，都有直接的影响。"在社会主义条件下，劳动生产中人与人之间，应当是一种什么样的关系呢？按照毛泽东的意见：对领导人员来说，"要以普通劳动者的姿态出现，以平等态度待人"；对企业的管理来说，要"采取集中领导和群众运动相结合，工人群众、领导干部和技术人员三结合，干部参加劳动，工人参加管理等"。他还进一步指出，劳动者最大的权利是管理权，包括管理国家、管理军队、管理各种企业、管理文化教育。这些，体现了毛泽东对工人阶级和其他劳动者的权利和主人翁地位的维护和尊重，反映了毛泽东的民主观和平等观。①

毛泽东读《政治经济学教科书》，对本书赞同性意见主要有两条：

第一，关于十月革命普遍规律和各国具体特点相结合的问题。《政治经济学教科书》认为十月革命"树立了一个榜样，表明任何国家的无产阶级革命的基本内容应当是怎样的"，各国社会主义革命"在主要方面和基本方面是一致的"；"但是它在每一个脱离了帝国主义体系的国家中必然具有自己特别的具体的社会主义建设的形式和方法，这些形式和方法是由每一个国家发展的历史、民族、经济、政治和文化条件，人民的传统，以及某一个时期的国际环境产生的。"这段话甚合毛泽东把马克思列宁主义普遍原理同各国具体实际相结合的一贯思想，无疑受到他的赞赏。他说：我们始终强调要按照十月革命的道路办事，要讲"任何国家"无产阶级革命的"基本内容"都是一样的，这就和修正主义者对立起来了。"每一个"国家都"具有自己特别的具体的社会主义建设的形式和方法"这个提法好。莫斯科宣言中，就讲到了普遍规律和具体特点相结合的问题。

第二，关于无产阶级社会主义革命的客观必然性。《政治经济学教科书》认为"资本主义生产方式的发展和资产阶级社会中的阶级

第二讲 马列著作伴终身

---

① 以上内容参见《毛泽东传》第五册，中央文献出版社 2011 年版，第 2004—2008 页。

斗争的整个进程，不可避免地会使社会主义用革命手段代替资本主义"。由"生产关系适合生产力性质的规律"便"产生无产阶级社会主义革命的客观必然性"。这个观点同样深为毛泽东所赞赏。

毛泽东认为：社会主义要"代替"资本主义，是"不可避免"的，要"用革命手段"。这个提法好，不能不这样讲。"无产阶级社会主义革命的客观必然性"，这个"客观必然性"很好，很令人喜欢。既然是客观必然性，就是不以人们的意志为转移，也就是不管你决议里是赞成还是不赞成，它也还是"客观必然性"。

不过，毛泽东也对无产阶级社会主义革命的客观必然性提出了他的疑问：革命为什么不首先在西方那些资本主义生产水平高、无产阶级人数很多的国家成功，而首先在东方那些资本主义生产水平比较低、无产阶级人数比较少的国家成功，例如俄国和中国，这个问题要好好研究。

毛泽东清醒地认识到：在资本主义有了一定发展水平的条件下，经济愈落后，从资本主义过渡到社会主义是愈容易，而不是愈困难。人愈穷，才愈要革命。西方资本主义国家的就业人数比较多，工资水平比较高，劳动者受资产阶级的影响很深，在那些国家进行社会主义革命，现在看并不容易。这些国家……重要问题是人的改造。即是说，在目前的情况下，越往西越富，革命也越困难。

那么，无产阶级社会主义革命的客观必然性又如何体现呢？可见，毛泽东虽然提出了这个极有意义的问题，也看到了理论与现实的反差；但是无论是研究思路还是结论都是值得讨论的。相反，毛泽东这时认为列宁"不正确的"观点倒是正确的。《政治经济学教科书》所引列宁《在俄共（布）第七次代表大会上关于战争与和平的报告》中指出："由于历史进程的曲折而不得不开始社会主义革命的那个国家愈落后，它由旧的资本主义关系过渡到社会主义关系就愈困难。"惟其如列宁所说，由于历史进程的曲折性而不得不开始社会主义革命的落后国家才需要有一个相当历史时期的社会主义初级阶段。

又如关于无产阶级专政的"实质"问题。毛泽东认为，教科书说到无产阶级专政的"实质"，说到社会主义革命的"主要任务"，都没有提到对敌人的镇压，也没有提到阶级的改造问题，"这是一个很大的缺点"。他不仅重申马列主义关于无产阶级专政的"国家即组织成为统治阶级的无产阶级"和"国家的性质是一个阶级压迫另一个阶级的机器"，而且认为即使共产主义建成后国内没有需要压迫的敌对势力了，对于国外的敌对势力，国家的性质也还没有变。与此相关联，他认为教科书所说"无产阶级专政是真正的民主"的说法也"不确切"。因为"民主只能说有资产阶级的民主，有无产阶级的民主；有少数人的民主，有大多数人的民主"。

毛泽东以他哲人的智慧领导中国社会主义改造和建设，并不时冒出思想的火花，发表富有创造性的意见。例如向共产主义过渡及共产主义的阶段性问题。对于这样一个科学社会主义理论的新问题，毛泽东提出了革命的多阶段说。他认为，一种生产关系代替另一种生产关系是质的飞跃，就是社会革命；由社会主义的按劳分配转变为共产主义的按需分配是生产关系的变革，因而也不能不是革命。从社会主义过渡到共产主义是革命，从共产主义的这一阶段过渡到另一阶段，也是革命。共产主义一定会有很多阶段，因此也一定会有很多的革命。他甚至认为共产主义社会"可能要经过几万个阶段"。

毛泽东读教科书不仅提出政治经济学要接触生产力的重要观点，而且重申他在延安的思想，强调干革命是为生产力的发展扫清道路。1944 年 3 月 12 日，他在关于边区文化教育问题的谈话中说："我们搞政治，搞政府，搞军队，为的是什么？就是要破坏妨碍生产力发展的旧政治、旧政府、旧军队。"[①] 1944 年 5 月 22 日，毛泽东又说："中国落后的原因，主要的是没有新式工业。"他在七大政治报告《论联合政府》中还实际上提出了生产力标准："中国一切政党的政

---

① 《毛泽东文集》第三卷，人民出版社 1996 年版，第 108 页。

策及其实践在中国人民中所表现的作用的好坏、大小，归根到底，看它对于中国人民的生产力的发展是否有帮助及其帮助之大小，看它是束缚生产力的，还是解放生产力的。"① 但是新中国成立初期，重点却并未放在生产力上，所以，他在读教科书时谈话指出：1959 年以前，我们所做的事情，主要是干革命，是要为生产力的发展扫清道路。我国社会主义生产力的发展，实际上才刚刚开始。

针对教科书所述"社会主义阵营各国经济发展的国际分工"，明确提出中国要有自己的经济体系。教科书说："在社会主义阵营，没有也不可能有经济扩张、不等价交换、竞争、强国剥削和奴役弱国等。"毛泽东旁批道："事实上有。"而在教科书所述"社会主义各国之间的多方面的合作，以完全平等、互助尊重国家利益和社会主义互助为基础"，他又批道："事实上也没有做到。"教科书写到中国情况则有不同。书中是这样写的："它是一个大国，人口居世界第一，拥有丰富的种类繁多的自然资源，因此它自然给自己提出建立完整的工业体系的任务，同时，中华人民共和国也参加社会主义的国际分工的体系，并享有这个体系的一切好处。"毛泽东读到这里批道："这段写法可以。要知道这是经过我们同他们争论，才这样写下的。过去，他们和东欧的一些国家都曾经要我们不搞完整的工业体系。"

建立中国自己的经济体系，这既是毛泽东独立自主思想的体现，又是毛泽东世事洞明的远见，毛泽东读教科书谈话说："欧洲好处之一，是各国林立，各搞一套，使欧洲经济发展较快，我国自秦以来形成大帝国……缺点之一是官僚主义，统治很严，控制太死，地方没有独立性，不能独立发展，大家拖拖沓沓，懒懒散散，过一天算一天，经济发展很慢。"另一方面，他又对"似乎想用经济力量来控制别的国家"的大国沙文主义保持着警惕，对于我们这个人口众多的国家，必须有自己的经济体系，包括工业和农业。特别是农业更要搞好，

---

① 《毛泽东选集》第三卷，人民出版社 1991 年版，第 1079 页。

"吃饭靠国外，危险得很。"①

以上介绍的，只是毛泽东读苏联《政治经济学教科书》社会主义部分谈话的一小部分，远远不能涵盖谈话的全部内容。毛泽东读教科书谈话相当系统地反映了他的理论观点和政策思想。谈话既有对原著的具体赞同，也有对原著的具体批评，尤其是他结合中国革命和经济建设的实际，发表了许多富有独创性的意见。其中有许多观点和思想，对全党不但有着理论指导作用，而且有着直接的政策指导作用。对纠正"大跃进"、"人民公社"建设中的错误等也都起了很好的作用。上面说到的中华人民共和国国史学会 1998 年 1 月印的《毛泽东读社会主义政治经济学批注和谈话》是很值得一读的重要的历史文献。不仅当时，而且对现在的经济工作等也有重要的指导作用。

1960 年 1 月 7 日至 17 日，毛泽东在上海主持召开中央政治局扩大会议。他在 17 日的闭幕会讲话中，建议中央各部党组，各省、市、自治区党委，都去组织读《政治经济学教科书》。读的方法是批判的方法，不是用教条主义的方法。

1 月 18 日，毛泽东回到杭州，继续读《政治经济学教科书》。27 日到广州，在这里最后读完《政治经济学教科书》。毛泽东这次读《政治经济学教科书》，从 1959 年 12 月 10 日开始，到 1960 年 2 月 9 日结束，时间整整两个月。

从这一次几个人一起读《政治经济学教科书》和马恩列斯有关经济学方面的著作后，20 世纪 60 年代中后期直到 70 年代，毛泽东还一次又一次地阅读这些著作。据我们当时的记载，1974 年 4 月 1 日，苏联列昂节夫著的《政治经济学》新排的大字本印出后，毛泽东还在一次又一次地翻看。《政治经济学名词解释》这本工具书出版后，毛泽东也多次翻看过。

① 以上均引自《毛泽东读社会主义政治经济学批注和谈话》（清样本），中华人民共和国国史学会 1998 年 1 月印。

第二讲 马列著作伴终身

本讲结语 ////

以上介绍的毛泽东读马列主义著作的情况，这只是毛泽东读马列著作的一小部分。实际上，从 1920 年读《共产党宣言》起，到 1976 年 9 月，57 年里，毛泽东读马列著作是很多的。特别是 60 年代他老人家提议编辑出版的 30 本马列著作大字本，他差不多都一册一册阅读过。许多册上都用红铅笔圈画得密密麻麻。1963 年 7 月 11 日，他在中南海颐年堂召集中央部门管理宣传教育工作的同志，就学习马列著作再次提出要求。他说，要读几本、十几本、几十本马列的书。要有计划地进行，在几年内读完几十本马列的书。他是这样地要求全国高中级干部的，他自己一直是带头这样做的。实际上，他读过的马列著作不仅是几十本，而且是几十本的马列著作还有各种不同的版本，这样加在一起，他老人家在 57 年读过的马列著作应当是数百本。战争年代、新中国成立之前，他读过的马列著作保存下来的很少了。20世纪 50 年代之后，他老人家读过的各种马列著作都还存放在中南海毛主席故居里。

毛泽东一生读马列、学马列、用马列、发展马列的丰富笃厚的实践，给我们留下了宝贵的经验与启示。毛泽东学习马列著作的思想和实践、精神和方法，最重要的就是要紧密结合实际，紧密结合现实工作和建设事业的实际，一切从实际出发，学是为了用，学了就要用，在实践中学，在实践中用，用理论指导实践，用思想指导行动，坚持理论与实践相统一的原则，这就是毛泽东学习马列著作留给我们最基本的经验和最重要的启示。

第三讲　读《红楼梦》等三部
中国古典小说

　　《红楼梦》、《水浒》、《三国演义》、《西游记》、《聊斋志异》这五部中国著名的古典小说，早在青少年时代，毛泽东就读得烂熟。后来的半个多世纪，他还爱不释手，直到生命垂危的最后岁月，他在病中还一遍又一遍地阅读，还时常很有兴致地和身边的工作人员一次又一次谈论和评说。如果把毛泽东一生的读书生活比作是人生行进的万里历程，那么，他阅读和批注过的《红楼梦》、《水浒》、《三国演义》、《西游记》、《聊斋志异》这五部古典小说，就可以说是这万里历程中最引人注目的耀眼的光环之一。它虽然仅是毛泽东读书生活的一个小小的侧面，但从中我们也能约略地看出毛泽东活到老、学到老，倾心追求知识的精神是多么令人钦佩。

随着时间的推移，毛泽东读《红楼梦》、《水浒》、《三国演义》、《西游记》、《聊斋志异》这五部古典小说的批注、评论和逸闻趣事，将会随着这五部小说的流传受到今人和后人的青睐，在今人和后人中千古传诵。本讲因篇幅关系，只简略地介绍毛泽东读《红楼梦》、《水浒》、《三国演义》这三部古典小说的一些有关情况。

一、"把《红楼梦》当作历史读"

《红楼梦》是我国古典文学史上的一颗璀璨的明珠，也是毛泽东一生爱读的一部中国古典小说。如果要问，毛泽东生前读《红楼梦》究竟读了多少遍，这是很难说清楚的。他读过的版本，在中南海存书中就有二十多种。书中的主要内容，从场面描写到人物对话，从情节到结构，从人物到主题，甚至一些诗句、警语，以及大观园内的许多生活细节的描写等等，毛主席都记得很熟，常常脱口而出，自如引用。这一点是很少有人能够与之相比的。

这里，我先给大家讲一个小故事。井冈山斗争时期，在寒冷的冬夜，毛泽东写文章写累了常常放下手中的笔，同贺子珍海阔天空地谈论起来。谈论中，他们之间也会发生一些争议。有一次，在谈到读几部古典小说的事，贺子珍说她喜欢读《三国演义》、《水浒》，不喜欢读《红楼梦》。她说："《红楼梦》里尽是谈情说爱，软绵绵的，没有意思。"

毛泽东一听，就反驳她说："你这个评价不公正，《红楼梦》是一本难得的好书哩！《红楼梦》里写了两派，一派好，一派不好。贾母、王熙凤、贾政，这是一派，是不好的；贾宝玉、林黛玉、丫鬟，这是一派，是好的。《红楼梦》写了两派的斗争。我看你一定没有仔细读这本书，你要再读一遍。"

他们就这样谈着谈着，不觉东方已经发白，迎来了又一个黎明。

这段小故事，就说明毛泽东在上井冈山之前即 1927 年之前就读过《红楼梦》。

1951年秋，毛泽东在同老同学周世钊的一次谈话中说道，贾宝玉吃饭穿衣都要丫头服侍，不能料理自己。林黛玉多愁善感，哭哭啼啼，住在潇湘馆，吐血，闹肺病。

1973年7月4日，同王洪文、张春桥的一次谈话中，他说，贾母一死，大家都哭，其实各有各的心事，各有各的目的。如果一样，就没有个性了。哭是共性，但伤心之处不同。

类似这样有关《红楼梦》具体细节描绘的谈话是很多的。这一小小的侧面，说明毛泽东对《红楼梦》读得是很熟的。

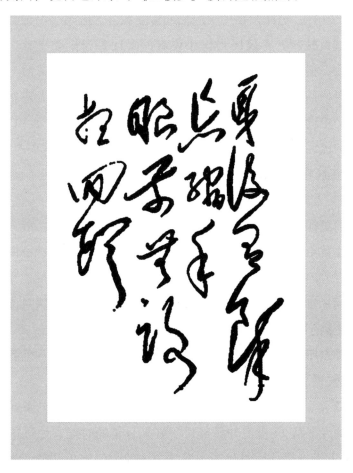

毛泽东手书《红楼梦》诗句："身后有余忘缩手，眼前无路想回头"

《红楼梦》所描写的是清乾隆年间，金陵贾、史、王、薛四大家族的衰败史。在四大家族中，曹雪芹的笔下着重描写的只是贾府一个家族。透过贾府一家，看到史、王、薛各家，从贾、史、王、薛四家看到代表整个封建统治阶级的百千个"大族名宦之家"。通过读《红楼梦》，就可以从贾府衰败过程中一系列真实、形象、生动的片段和画面来加深对中国封建社会的认识和了解。

早在延安时期，1938 年 4 月 28 日在延安"鲁艺"的演讲中，毛泽东就提出，《红楼梦》这是一部好书，现在许多人鄙视这部书，以为它写的是一些哥哥妹妹的事情，其实它有极丰富的社会史料。1961年 12 月 20 日，毛泽东在中央政治局常委和各大区第一书记会议上说过：对《红楼梦》不仅要当作小说看，而且要当作历史看。他写得是很细致、很精细的社会历史。1964 年 8 月 18 日在北戴河与几个哲学工作者谈话中，毛泽东又说，《红楼梦》我至少读了五遍。我是把它当作历史读的。开头当故事读，后来当历史读。1967 年 10 月 12 日同外宾的谈话中，毛泽东还说：不了解点帝王将相，不看古典小说，怎么知道封建主义是什么呢？当作历史材料来学，是有益的。把《红楼梦》当历史读，这已经不是一般意义上的读小说了，它进到了读小说的更深层次，也对读小说者提出了更高的要求。一般人的读小说，只注重小说本身的人物、故事等情节的描写。如果把小说中的人物、故事等内容与一定的社会、历史联系起来，透过小说描写的字里行间看到一定的社会、历史，从历史的视角来读小说，这对读者的要求也就更高了。

毛泽东所说的"把《红楼梦》当作历史读"，他的意思就是通过阅读，透过故事，明白事理，把握历史现象及其规律。

1962 年 1 月，毛泽东在扩大的中央工作会议上，在谈到西方资本主义的发展从 17 世纪开始经过了好几百年的时候，说过这样一段话："十七世纪是什么时代呢？那是中国的明朝末年和清朝初年。再过一个世纪，到十八世纪上半期，就是清朝乾隆时代，《红楼梦》的作者曹雪芹就生活在那个时代，就是产生贾宝玉这种不满意封建制度的小说人物的时代。乾隆时代，中国已经有了一些资本主义生产关系的萌芽，但是还是封建社会。这就是出现大观园里的那一群小说人物的社会背景。"① 这里我们可以清楚地看出，毛泽东把曹雪芹和小说中的人物与时代、社会联系在一起。毛泽东认为，曹雪芹创作《红楼梦》的历史背景，也是形成小说中的人物性格命运的历史背景，这两个方面的思想内涵是一致的。资本主义生产关系的产生，对封建社会来说是矛盾的。这一矛盾必然要影响到作者曹雪芹创作《红楼

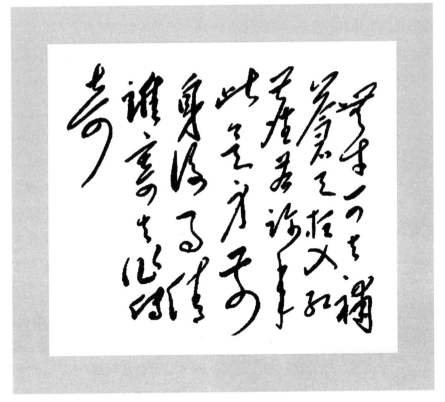

毛泽东手书《红楼梦》诗句："无才可去补苍天，枉入红尘若许年。此是（系）身前身后事，倩谁寄（记）去作传奇（奇传）"

---

① 《毛泽东文集》第八卷，人民出版社 1999 年版，第 301—302 页。

梦》这部伟大作品时的思想倾向，使其形成作品主题的内在矛盾。因此，1964 年 8 月，毛泽东在关于坂田文章的谈话中说："曹雪芹写《红楼梦》还是想补天，想补封建制度的天，但是《红楼梦》里写的却是封建家族的衰落，可以说是曹雪芹的世界观和他的创作发生矛盾"。① 在毛泽东看来，封建制度的"天"是无法补的，曹雪芹主观上想"补"也是不可能的。作者主观上的希望和封建社会家族必然衰败的客观结果的矛盾，《红楼梦》中的主人公贾宝玉、林黛玉等萌生的新的希望和他们无法摆脱封建社会制度、家族制度的束缚最终以悲剧命运告终的矛盾，这两方面的矛盾在《红楼梦》中通过一件一件的具体事实和一个一个的故事、一场一场的人物活动淋漓尽致地表现了出来。从文学作品的意义上来说，《红楼梦》是我国古典小说中的佼佼者。从时代背景思想内容上来说，《红楼梦》讲到很细致的封建社会情况。

在延安时，毛泽东一次与身边的同志谈读《红楼梦》时，他说：还是要看《红楼梦》啊！那里写贪官污吏，写了皇帝王爷，写了大小地主和平民奴隶。大地主是从小地主里冒出来的，麻雀虽小五脏俱全。看了这本书就懂了什么是地主阶级，什么是封建社会。就会明白为什么要推翻它！1954 年 3 月 10 日，毛泽东又一次对身边的工作人员说：《红楼梦》这部书写得很好，它是讲阶级斗争的，要看五遍才能有发言权哩。

1964 年 8 月 18 日，毛泽东在与几个哲学工作者谈话中还说："什么人都不注意《红楼梦》的第四回，那是个总纲，还有'冷子兴演说荣国府'，《好了歌》和注。第四回'葫芦僧乱判葫芦案'，讲护官符，提到四大家族：'贾不假，白玉为堂金作马。阿房宫，三百里，住不下金陵一个史。东海缺少白玉床，龙王来请金陵王。丰年好大雪，珍珠如土金如铁。'《红楼梦》写四大家族，阶级斗争激烈，

① 《毛泽东文集》第八卷，人民出版社 1999 年版，第 393 页。

几十条人命。统治者二十几人（有人算了说是三十三人），其他都是奴隶，三百多个，鸳鸯、司棋、尤二姐、尤三姐等等。讲历史不拿阶级斗争观点讲，就讲不通。"①

说到《红楼梦》第四回中的"护官符"和这部书中写阶级斗争的事，1973年12月21日，毛泽东在同一些部队领导同志的谈话中，说到《红楼梦》写的"真事"是政治斗争时，他又很有兴趣地把第四回的"护官符"背了一遍，引以为证。对《红楼梦》第四回中描写四大家族的四句话他记得很熟，和身边的同志谈《红楼梦》时，他常一字不差地背出来。我还看到，毛泽东在读影印本《脂砚斋重评石头记》时，这几句话的天头上，他用黑铅笔画了三个大圈。在"雨村……细问这门子，这四家皆连络有亲，一损皆损，一荣皆荣，扶持遮饰，俱有照应的"这一段文字旁边，他用铅笔都一一画了圈。毛泽东读《红楼梦》很关注第四回这个"纲"，他与人谈《红楼梦》时谈得最多的也是这个"纲"。毛泽东从阶级斗争的角度来读《红楼梦》，来理解《红楼梦》，这是毛泽东读《红楼梦》的一个独到之处。

二、"《水浒》要当作一部政治书看"

《水浒》是我国第一部专门描写历史上农民起义发生、发展直至失败的全过程的古典小说，是我国流传最广的古典文学名著之一。它也是毛泽东晚年很爱读的一部中国古典小说。

早在青少年时代，毛泽东就一遍又一遍地读过《水浒》。那时，乡间能够借到的书，多半是些民间流传的旧小说。当他阅读《西游记》、《水浒》、《三国演义》等小说的时候，常常被一些生动的斗争故事所吸引，一遍又一遍地读，一直要达到熟悉这些故事情节和一些主要人物的性格才放手。说到青少年时代爱读《水浒》等古典小说

---

① 《毛泽东文艺论集》，中央文献出版社2002年版，第208页。

的事，毛泽东本人在 1936 年与美国记者斯诺的谈话中这样说道："我读过经书，可是并不喜欢经书。我爱看的是中国古代的传奇小说，特别是其中关于造反的故事。我读过《岳传》、《水浒》、《隋唐演义》、《三国演义》和《西游记》等。那是在我还很年轻的时候瞒着老师读的，老师憎恨这些禁书，并把他们说成是邪书。我经常在学校里把它们盖住。大多数同学也都是这样做的。许多故事，我们几乎可以背出来，而且反复讨论过许多次。关于这些故事，我们比村里的老人们知道得还要多些。他们也喜欢这些故事，而且经常和我们互相讲述。"①毛泽东自己曾回忆说过，在他的少年时代对他影响最大的读物就是《水浒》。

在大革命时期从事农民运动的岁月里，毛泽东常常津津乐道地谈论《水浒》和宋江造反的故事。在江西苏区的时候，尽管生活环境非常艰苦，甚至饿着肚皮，《水浒》依然是他爱读的书籍之一。在长征途中，一次部队打下了一座县城，毛泽东急于要找《水浒》一读。对此，当时任毛泽东机要秘书的黄友凤后来有过这样的一段回忆：

　　一次，部队打下了一座县城。我们住进了一个地主的庄院。战士们高兴地聚在一起用歌声驱散着整日行军的疲劳。这时，主席走了过来，只见他环顾一下院子四周，把警卫员叫到跟前说："小鬼，这家人看来蛮富有，你四处走走，看能不能找本《水浒》来，我想用用。"小战士高兴地接受了任务，四处寻找起来……

　　我们仍在院子里唱歌。突然，从主席房间里传出了一阵爽朗的笑声，大家惊诧地循声望去，只见那位找《水浒》的小战士提着个大水壶窘迫地站在主席面前，抓耳挠腮，主席单手叉腰，

---

① 《毛泽东一九三六年同斯诺的谈话》，人民出版社 1979 年版，第 8—9 页。

44

用爱抚的目光望着他，"我让你找本《水浒》，你给我找了把水壶，这不是牛头不对马尾嘛！"说完，主席自己又笑了……

事后，主席专门把我们全体工作人员叫在一起，就错水壶当《水浒》这件事让大家展开讨论，认识读书学习的重要性。[1]

这听起来好像是个笑话，然而它是毛泽东长征途中要读《水浒》的真实的历史记录。

后来的岁月里，毛泽东对《水浒》还兴味依然，一次又一次地、一遍又一遍地阅读。毛泽东在耄耋之年，多次颇有兴致地谈论《水浒》。直到 1975 年，因患老年性白内障眼睛不能看书了，在与身边同志谈到《水浒》的时候，他还侃侃而谈一番。

毛泽东对《水浒》为什么这样有兴趣呢？这是有原因的。笔者认为，主要有以下几个方面：

第一，《水浒》是一部与农村和农民的革命斗争有紧密关系的古典小说。毛泽东是一个农民的儿子，青少年时代差不多都是在农村度过的。走上革命道路以后，也是从解决农民问题开始的。1926 年 5 月 9 日，他主持广州农民运动讲习所的工作，讲课的中心问题就是农民问题。他关注和着重研究的问题也是农民问题。为了动员农民，组织农民，1927 年 1 月，毛泽东在大革命高潮中用了 33 天的时间考察湖南的农民运动，在考察的基础上写下了光辉的篇章——《湖南农民运动考察报告》。在考察中，他看到不愿做奴隶的农民们纷纷起来造反、抗争的情景：他们举起他们那粗黑的手，加在绅士们头上，用绳子把劣绅们捆绑起来，牵着游乡；土豪劣绅的小姐少奶奶的牙床上，他们也可以踏上去滚一滚；他们打翻了土豪劣绅在地上，并且踏上一只脚；农会会员漫山遍野，梭镖短棍一呼百应，土匪无处藏踪；女子和穷人不能进祠堂吃酒的老例被打破，女子们结队拥入祠堂，一

① 《毛泽东机要秘书的回忆》，《党史文汇》1986 年第 3 期。

屁股坐下便吃酒，族尊老爷们只好听她们的便……对一切代表农民利益的"反常"现象，毛泽东非常高兴地称之为"这是四十年乃至几千年未曾成就过的奇勋。这是好得很"。① 毛泽东生在农村，长时期和农民们生活在一起。因此他很熟悉农村和农民的疾苦。他很憎恶当时那些草菅人命、欺压百姓等极不合理的社会现象。他理解农民，同情农民，对农民和农民运动一直有着特殊的感情。《水浒》是我国第一部专门描写反映历史上农民起义发生、发展直至失败的全过程的古典小说，书中描写并且颂扬的一个个英雄人物，有打鱼的，有种菜的，有打铁的，有卖膏药的，还有许多形态各异的被压迫的普通平民百姓。书中的人物面貌毛泽东好像都似曾相识；他们反抗官府、劫富济贫的种种行为，毛泽东似乎也有所闻、也有同感、也曾有所实践；他们的生活，他们的言谈话语，他们的要求，他们的愿望，毛泽东好像也都是眼见过、耳听过、心想过。对于这样一部与农村和农民有密切联系的古典小说，引起毛泽东的兴趣和关注，这是非常自然的。毛泽东在谈到早年读《水浒》、《三国演义》等古典小说对他产生的影响时说过："我认为这些书对我的影响大概很大，因为这些书是在易受感染的年龄里读的。"② 在他的少年时代对他影响最大的读物就算是《水浒》了。"《水浒》对毛泽东，从少年时起最重要的影响，主要还是在思想方面。书中'替天行道、劫富济贫'的思想，激起了他反抗现存秩序的精神。这是毛一生的思想中，从中国旧文化（区别于官修典籍的民间传统文化）继承来的一个很重要的部分。"③

第二，造反思想和反抗精神的共鸣。毛泽东青少年时代就具有造反思想和强烈的反抗精神。1936 年，在同斯诺的谈话中，毛泽东有这样一段自我介绍：

① 《毛泽东选集》第一卷，人民出版社 1991 年版，第 15—16 页。
② 《毛泽东自述》，人民出版社 1993 年版，第 9 页。
③ 《毛泽东早年读书生活》，辽宁画报出版社 2007 年版，第 19 页。

有一件事我记得特别清楚。在我大约十三岁的时候，我父亲请了许多客人到家里；我们两人当着他们的面争论起来，父亲当众骂我懒而无用，这一下激怒了我。我回骂了他，接着就离家出走。我母亲追着我想劝我回去。父亲也追了上来，边骂边命令我回去。我跑到一个池塘边，并且威胁说如果他再走近一步，我就要跳进水里。在这种情况下，停止内战的要求和反要求都提出来了。我父亲坚持要我道歉并磕头认错。我同意如果他答应不打我，我可以跪一只脚磕头认错。战争就这样结束了。我从这件事认识到，当我用公开反抗的办法来保卫自己的权利的时候，我父亲变软下来了；可是如果我保持温顺的态度，他只会更多地打骂我。①

　　这段自我介绍，造反的矛头固然是对着他的父亲，但字里行间都显示出少年毛泽东的反抗精神。毛泽东在青少年时代，无论是在家庭里，还是在学校里，表现他勇于造反，敢于反抗，善于斗争的例子是很多的。

　　《水浒》描写的是农民造反的传奇故事，书中塑造了李逵、鲁智深、武松、林冲等敢于反抗官府的诸多英雄群像，并通过他们不同的反抗道路展现了中国历史上的农民起义如何由分散的单个的复仇火星发展到熊熊燃烧的燎原大火，最后又完全被熄灭的完整过程。在中国的封建社会里，农民的起义，农民的反抗，都是地主阶级对农民的残酷的经济剥削和政治压迫的必然结果。哪里有压迫，哪里就有反抗。《水浒》中众多的农民造反，众多的英雄投奔梁山泊，铤而走险参加起义，这是"官逼民反"的历史必然，这是《水浒》这部小说最有价值的思想内容。毛泽东所以爱看这部小说，一个重要的原因就是小说揭示的"官逼民反"的这一主题思想与毛泽东本人具有的强烈的

① 《毛泽东一九三六年同斯诺的谈话》，人民出版社 1979 年版，第 7—8 页。

反抗精神产生了共鸣。对书中许多的英雄好汉的义气、侠行、胆识、才干等等，毛泽东是很敬佩和向往的。1944 年 1 月 9 日，毛泽东看了延安平剧院编演的历史剧《逼上梁山》以后，当即高兴地给编导们写了这样热情赞誉的信："看了你们的戏，你们做了很好的工作，我向你们致谢，并请代向演员同志们致谢！历史是人民创造的，但在旧戏舞台上（在一切离开人民的旧文学旧艺术上）人民却成了渣滓，由老爷太太少爷小姐们统治着舞台，这种历史的颠倒，现在由你们再颠倒过来，恢复了历史的面目，从此旧剧开了新生面，所以值得庆贺。……你们这个开端将是旧剧革命的划时期的开端，我想到这一点就十分高兴"。① 这出戏，是《水浒》的精髓，体现了作品强烈的反抗精神，受到毛泽东的赞誉，这是很自然的。在大革命高潮中，毛泽东说农民的"造反有理"，因为这是"逼出来的"，"凡是反抗最有力，乱子闹最大的地方，都是土豪劣绅、不法地主为恶最甚的地方"。1939 年 7 月 9 日，毛泽东在给陕北公学作题为《三个法宝》的演讲时，还把自己带队伍上井冈山说成是"没法子，被逼上梁山"。在延安给斯大林祝寿的时候，毛泽东还把马克思主义的道理，概括为一句极简单的话。他说："马克思主义的道理千条万绪，归根结底，就是一句话：造反有理。……根据这个道理，于是就反抗，就斗争，就干社会主义。"② 新中国成立以后，毛泽东在谈自己的革命生涯，谈中国共产党的历史经验时还颇有感触地说："革命家是怎样造就出来的呢？他们不是开始就成为革命者的，他们是被反动派逼出来的。我原先是湖南省的一个小学教员，我是被逼迫这样的。反动派杀死了很多人民。"最后他借用《水浒》的故事归纳成一句话："每个造反者都是被逼上梁山的。"③

---

① 《毛泽东文集》第三卷，人民出版社 1996 年版，第 88 页。
② 《在延安各界庆祝斯大林六十寿辰大会上的讲话》（1939 年 12 月 21 日），《新华月报》1950 年第 1 卷第 3 期。
③ 毛泽东 1964 年 1 月同安娜·路易斯·斯特朗的谈话。转引自《毛泽东哲学思想研究》1986 年第 6 期。

第三，把《水浒》作反面教材。毛泽东晚年在夜以继日地工作之余，在病魔缠身的最后几年的岁月中，还一遍又一遍地阅读《水浒》。他不是为了寻求艺术的审美享受，也不是像少年时代那样追慕英雄造反的故事，而把《水浒》作反面教材，通过阅读这部反面教材，使人们知道如何发展和保持我们已经取得的革命成果，使社会主义的红色江山千秋万代永不变色。

1975 年 8 月 13 日，毛泽东与芦荻（北京大学中文系讲师，1975 年 5 月 29 日到 9 月底，在中南海给毛泽东读书）谈《三国演义》、《红楼梦》和《水浒》等几部古典小说的时候，曾说过："《水浒》这部书，好就好在投降。作反面教材，使人们都知道投降派。"1974 年在武汉读《水浒》时，毛泽东对张玉凤也说过，宋江是投降派，搞修正主义。① 《水浒》中的农民起义最终失败，宋江招安投降，这是历史的必然。封建社会的历次农民起义总是以失败而告终。对于这一点，早在 1939 年 12 月，毛泽东就说过："只是由于当时还没有新的生产力和新的生产关系，没有新的阶级力量，没有先进的政党，因而这种农民起义和农民战争得不到如同现在所有的无产阶级和共产党的正确领导，这样，使当时的农民革命总是陷于失败，总是在革命中和革命后被地主和贵族利用了去，当作他们改朝换代的工具。"② 那么，中国共产党领导团结全国各族人民夺取的政权，取得的胜利，能不能不断地巩固和发展，特别是新中国成立之后，中国共产党还能不能领导团结全国各族人民沿着社会主义的康庄大道不断前进，人民已经夺取的政权还会不会丧失，中国还会不会重蹈"农民革命总是陷于失败"的历史覆辙，这是晚年的毛泽东极为关注而且一直在用心实践和探索的一个问题。在进城前夕召开的中国共产党第七届中央委员会第二次全体会议上，毛泽东饱含深情地说过："夺取全国胜利，

① 《毛泽东评〈水浒〉真相》，《中国青年报》1988 年 9 月 24 日。
② 《毛泽东选集》第二卷，人民出版社 1991 年版，第 625 页。

这只是万里长征走完了第一步。如果这一步也值得骄傲，那是比较渺小的，更值得骄傲的还在后头。在过了几十年之后来看中国人民民主革命的胜利，就会使人们感觉那好像只是一出长剧的一个短小的序幕。剧是必须从序幕开始的，但序幕还不是高潮。中国的革命是伟大的，但革命以后的路程更长，工作更伟大，更艰苦。这一点现在就必须向党内讲明白，务必使同志们继续地保持谦虚、谨慎、不骄、不躁的作风，务必使同志们继续地保持艰苦奋斗的作风。"① 这段话，在20世纪50年代和60年代曾一直鼓舞着中国共产党人和中国人民不断地前进。到了70年代，林彪叛国出逃，刘少奇早已含冤离世，周恩来、朱德等老一辈无产阶级革命家相继住进医院。王洪文、张春桥、江青、姚文元"四人帮"紧锣密鼓，他们迫不及待地抢班夺权。在这样特定的历史条件下，毛泽东大力提倡"继续革命"，并要人们注意《水浒》中宋江的投降招安，导致梁山农民起义的彻底失败的这一反面教材，这是完全符合毛泽东当时的思想逻辑的。笔者认为，毛泽东在这里把《水浒》作为反面教材，其本意主要还是要人们从宋江招安投降导致革命失败的这一特定的历史事实中吸取教训，从而能够"继续革命"，沿着社会主义方向不断前进。

毛泽东把《水浒》作为反面教材来读，可能还有这样一个心理背景。我们知道，宋江领导的农民起义队伍接受招安，不是在当时客观形势对他们极为不利、毫无其他办法的情况下接受招安的；恰恰相反，他们是在取得了两赢童贯、三败高俅等一系列辉煌胜利的大好形势下自愿主动接受招安的。小说的这种描写，与毛泽东在60年代以后一直思考和忧虑的课题是很为一致的。毛泽东认为，革命的真正目的在于取消压迫，改变产生压迫和官僚主义的社会结构。而这一切，在当时不仅没有达到，反而在社会主义土壤上滋生了不少欺压迫害百姓的大大小小的官僚，严重地损害了党群关系和干群关系。毛泽东还

---

① 《毛泽东选集》第四卷，人民出版社1991年版，第1438—1439页。

联系到我国农民革命的历史，他注意到历史上的农民革命在获得胜利以后，原来的革命者革命热情往往就逐渐消退，革命意志往往就逐渐丧失，图安逸、求享受，直至最后完全违背原来革命的真正的目标，以失败而告终。这样的历代革命的悲剧，会不会在我们共产党人领导的无数革命先烈用鲜血和生命换来的社会主义的大地上重演？正是因为有这样特殊的心理背景，所以毛泽东把《水浒》后面的宋江招安投降的描写作为反面教材来读。这大概也是毛泽东晚年爱读《水浒》的一个重要的原因。

一部《水浒》，半个多世纪，毛泽东不知读过多少遍，书中的人物、故事、情节等内容，他都熟记在胸，信手拈来即成妙喻，随口引用恰到好处。

三、从战争、战略、战术的视角读《三国演义》

《三国演义》虽然不是兵书，也不是军事专著，但是，书中却有不少栩栩如生、动人心魄、千古流传的战争和战斗场面的描写，有关战争和战略、战术方面的记载和记述，也有具体虚实分合、攻守进退、以小打大、以少胜多、后发制人等许多具体的描写。例如，祭东风、赤壁大战、走麦城、空城计等等。所以，《三国演义》，毛泽东不仅把它当作三国时代的历史来读，通过它来知兴亡，鉴得失，明事理，把握历史现象及其规律；而且还从战争的视角，从战略、战术的视角来读。毛泽东阅读《三国演义》的独到之处还在于，注重学习书中可供借鉴的有关军事斗争的知识和思想材料。大概正因为如此，在第二次国内革命战争时期，党内的"左"倾教条主义者曾经攻击毛泽东的军事思想、军事路线和毛泽东领导所取得的反围剿战争的胜利，说毛泽东不过是"把古代的《三国演义》无条件地当作现代的战术，古时的《孙子兵法》无条件地当作现代的战略"。这当然是"左"倾教条主义者对毛泽东别有用心的攻击，是根本不符合事实的。但是，毛泽东爱读《三国演义》，熟读《三国演义》，注意学习《三国演义》中谈及的有关战争知识，并且取其精华，运用于中国革命战争的实际，这是无疑的。

说到毛泽东从战争的视角读《三国演义》可以追溯到1936年12月，在《中国革命战争的战略问题》这篇著作中，毛泽东结合我国第二次国内革命战争的实际，谈及战略防御的原则时说过的一段话："中国战史中合此原则而取胜的实例是非常之多的。楚汉成皋之战、新汉昆阳之战、袁曹官渡之战、吴魏赤壁之战、吴蜀彝陵之战、秦晋淝水之战等等有名的大战，都是双方强弱不同，弱者先让一步，后发制人，因而战胜的。"① 这里，毛泽东列举的我国历史上六个著名的以弱胜强的战例，都是《三国演义》中最精彩的也是作者着力描写的战例。毛泽东爱读《三国演义》，尤爱读其中这些威武雄壮的战例，它们已经深深地存留在毛泽东的记忆中。

毛泽东爱读《三国演义》中这些著名的战例，不仅是因为作者对这些战例描写得生动、壮观，而且是因为这些战例中都包含有不少的战争知识。与其说毛泽东在读小说，倒不如说毛泽东在借鉴历史，研究分析和学习战争。

就拿吴魏赤壁之战来说吧，这是《三国演义》第四十七回着力描写的我国历史上的一次著名大战。曹操在基本上统一了北方之后，即挥师南下，企图一举消灭刘备和孙权的势力，席卷南方。刘备派诸葛亮去联合孙权，孙权和刘备结成联盟，他们一起抗击曹操。当时，曹操的军队号称80万，实际上没有这么多，大概也就是20多万人马，驻军乌林（现在湖北省洪湖市龙口乡，长江北岸）；孙刘联军总共不过5万人，安营赤壁（现在湖北省蒲圻县赤壁乡，长江南岸）。双方隔江相望，在赤壁江面摆开了战场。曹操的军队大半是北方人，不习惯船上作战，不适应江上风浪的颠簸。为了解决这个困难，曹操

---

① 《毛泽东选集》第一卷，人民出版社1991年版，第204页。

毛泽东手书《三国演义》第一回诗句："滚滚长江东逝水，浪花淘尽英雄。是非成败总成（转头）空。青山依旧在，满眼（几度）夕阳红。白发渔翁（樵）江渚上，惯看秋月春风。一壶浊酒喜相逢。古今多少事，都在（付）笑谈中。"

命令工匠把战船用铁索联在一起，又在船与船之间铺上木板，钉上铁钉，加以固定，以减少船身的摇晃，他们把这称为"连环船"。诸葛亮得知曹操采用"连环船"的战术之后，立即与东吴军队主帅周瑜等商议对策。周瑜部将黄盖提出用火攻的办法，烧毁曹操的"连环船"。诸葛亮和周瑜采纳了这个建议，拟定了火攻的作战方案。周瑜事前安排了放火用的船只，黄盖写了一封信派人送给曹操，假意声称要带军队渡江投降。

公元208年（建安十三年）11月的一个夜晚，赤壁江面恰好刮起了一阵比一阵紧的东南风。黄盖带领十只战船，船中装满了浇了油的柴草和大批硫黄、烟硝等引火物，用黑色篷帐蒙起来，上面插上旗帜，向曹操的水寨驶去。战船的后面还拖着便于战斗的小艇。曹操深信黄盖来投降，所以毫无戒备。当黄盖的战船驶进曹操的"连环船"时，就立即放起火来。火借风力，风助火势，曹操的水寨顿时陷入火海之中，"连环船"被全部烧毁，连岸上的营地也都着了火。这时曹操明知中计，干急没法。周瑜和诸葛亮望见起火，立即擂动战鼓，指挥水陆两军全面进攻。曹军大败，孙刘联军夺取了赤壁之战的重大胜利。

曹操败退后，一时无力南下，孙权巩固了在江南的统治，刘备占领了荆州的大部分地区，并开始向益州发展。从此就形成了三国鼎立的局面。

赤壁之战，曹操失败，孙刘获胜。它是我国古代战争史上有名的弱军战胜强军的战例之一。自古以来的战争，强者并非就一定能够战胜弱者，弱者并非就一定不能战胜强者。在一定的条件下，少亦能战胜多，弱亦能战胜强，败亦能变为胜。少与多，弱与强，败与胜，都不是凝固不变的，在一定的条件下它们是可以相互转化的。这就是战争中的辩证法。吴魏赤壁大战就是一个很好的历史例证。

毛泽东读《三国演义》，最有兴趣的大概就是对著名大战的描写。因为他对这些大战的描写很感兴趣，所以他读得多，看得细，对作者罗贯中着力描写的这些大战的情形，他都很熟悉，在讲话和文章中常常谈及。他从战争的视角读《三国演义》，从赤壁之战、官渡之战、彝陵之战等许多的战争、战役中学习战争的谋略，学习克敌制胜的策略，学习战争的知识，学习战争中的辩证法，并密切结合实际，运用于他所领导和进行的革命战争之中。这是毛泽东读《三国演义》的一个重要的特色。

本讲结语 ///

　　把古典小说当作历史读，当作政治书读，当作军事书读，开创了读小说的独特之路。这已经不是一般意义上的读小说了，它进到了读小说的更深层次，也对读小说者提出了更高的要求。一般人的读小说，只注重小说本身的人物、故事等情节的描写。如果把小说中的人物、故事等内容与一定的社会历史、政治、军事等诸多方面联系起来，透过小说描写的字里行间看到一定的社会形态和社会历史，把小说当成历史书来读，当成政治书来读，当成军事书来读，这对读者的要求也就更高了。毛泽东一直就是这样做的。所以，他读中国历史小说越读越爱读，越读兴趣越浓厚。

第三讲　读《红楼梦》等三部中国古典小说

第四讲　爱读唐诗宋词

中南海毛泽东主席故居存书中有历朝历代数千册中国古典诗、词、曲、赋等多种读物，以及与其相关的各种诗话、词话、音韵、词律和种种的评论、注释、赏析等等相关的读物。从《诗经》、《离骚》、《楚辞》、《楚辞集注》、汉魏乐府，到晋、南北朝、唐、宋、元、明、清历朝诸家的诗、词、曲、赋，直到现代、当代名家、名人撰写的诗、词作品都有。还有多种总集、全集、选集、专集和各种单行本。有多种古籍线装木刻本、影印本、石印本、铅印本，也有很多不同版本的平装本，还有印制精美的精装本、类书本、丛书本、珍藏本。这些不同版本的古典诗词著作、读物，毛泽东生前几乎都读过。其中很多书上都有毛主席在阅读时写下的批注文字和圈画的各种符号。对中国古典诗、词、曲、赋等各种著作，毛泽东直到生命的最后岁月，还时常翻阅。1974年年初，根据他本人的读书需要，有关方面将中华书局乾隆年间版的唐、宋、元、明、清五朝别裁集、《词综》、《遏云阁曲谱》等古诗词读物影印出版。1974年3月27日下午，他指示我们将喻守真编注、中华书局出版的《唐诗三百首详析》印大字线装本。1974年4月4日下午又指示我们将龙榆生编选、中华书局出版的《唐宋名家词选》印大字线装本。1974年4月26日上午又要我们将顾名选、上海光华书局1931年8月印行的平装本《曲选》印大字线装本。1974年5月7日下午又指示我们将叶葱奇编订、人民文学出版社出版的平装本《李贺诗集》印大字线装本。以上这些中国古诗词曲读本好像还没有满足他老人家当时读诗、词、曲、赋的需要。1974年7月2日又指示我们将袁枚著、人民文学出版社1962年5月出版的平装小字本《随园诗话》印大字线装本。1974年8月17日下午又指示我们将郭沫若著、作家出版社1962年出版的平装小字本《读〈随园诗话〉札记》印大字线装本。没过几天，即1974年8月25日他老人家又亲笔手写"唐宋名家词选"书名，并告诉我们说他还要读新印的大字本《唐宋名家词选》。我们知道，从1974年年初以来，直到8月底这段时间内他老人家除了读了很多的笑话书之外，就是读古典诗词著作了。这时候，他老人家除了双眼都患有老年性白内障之外、全身还患有其他多种老年性疾病。在这种情况下，他老人家每天还下功夫读中国古典诗、词、曲、赋，还时常神情满怀挥毫写诗作赋，高兴时还会情不自禁地背诵几句、吟咏几首。

一、最爱读唐代"三李"的诗

我国古典诗词很多，名著、名作、名家也很多。历经几千年，流传数万首。纵观毛泽东读诗词的实际，我们感到，毛泽东还是最爱读唐代"三李"的诗。

"三李"是指李白、李贺、李商隐三位唐代大诗人。

中南海毛泽东故居藏书中，有关"三李"的诗作，毛泽东几乎都读过。据我们不完全的统计，毛泽东阅读过的唐诗著作有近三十种，有多种不同开本的平装本，还有不同印装式样的线装古籍本，还有新中国成立后国内各家出版社出版的平装本。这些唐诗读物中的"三李"诗作，毛泽东有的读过多遍。翻开毛泽东读过的这些唐诗读物，我们可以清晰地看到，"三李"的诗作，毛泽东生前在阅读过程中，有的是用红铅笔圈画的，有的是用黑铅笔圈画的。从批注的文字和不同颜色铅笔的圈画可以说明，"三李"的诗作，毛泽东生前是很爱读的，是反复读过多遍的。

先说说读李白的诗作。我们知道，毛泽东生前是非常喜欢李白的诗作的。"三李"中，李白的诗作毛泽东读得最多，批画得最多，书写得最多。毛泽东逝世前，在他的身边一直放着影印本《唐诗别裁集》和新印的大字线装本《唐诗三百首详析》等唐诗读本。这些唐诗读本，他老人家早就读过、批画过。可是到了晚年的岁月，他老人家对这些唐诗读本还爱不释手，读了又读。有时还读出声来，有时在房间里来回走动时，口里还在一句一句地背诵。他老人家在看书看累了的时候，或者在夜晚入睡之前的片刻时间里，还常常满怀激情地书写古诗词。我们从中央档案馆编、文物出版社、档案出版社1984年7月出版的《毛泽东手书古诗词选》里可以看到，本选集共收录57位作者的古诗词117首，毛泽东手书李白的诗作就有15首之多，是毛泽东手书古人诗作最多的一位。

毛泽东为什么如此爱读、爱书写李白的诗作？笔者认为，主要是因为李白的诗文采奇异，气势雄伟，脱俗浪漫，具有很高的艺术成就。毛泽东曾对身边的工作人员说过：李白的《蜀道难》写得很好。这首诗主要是艺术性很高，谁能写得有他那样淋漓尽致呀，它把人带进祖国壮丽险峻的山川之中，把人带进神奇优美的神话世界，使人仿

佛也到了"难于上青天"的蜀道上面了。我们在毛泽东生前读批过的一本由中华书局印行的乾隆年间蘅塘退士（孙洙）原编的《注释唐诗三百首》中看到，毛泽东用铅笔在《蜀道难》这首诗的天头上画着一个大圈，并批注写道："此篇有些意思。"在另一本中华书局印行的《唐诗三百首》线装本第二十二页《将进酒》诗的标题上面，毛泽东用铅笔画了一个大圈，在正文天头又连画三个小圈，并在天头小圈和大圈之间的空白处写了"好诗"两个字。毛泽东还对李白的《梁甫吟》、《古风五十九首》、《庐山谣寄卢侍御虚舟》等诗作作批注和圈画。毛泽东认为："李白的诗，文采奇异，气势磅礴，有脱俗之气。"① 他对儿女们说过："李白的诗豪放，想象力丰富，读了使人心旷神怡。……多读些李白的诗，可以开阔胸襟。"②

1958年1月16日，毛泽东在南宁会议上讲话中说："光搞现实主义一面也不好，杜甫、白居易哭哭啼啼，我不愿看，李白、李贺、李商隐，搞点幻想。我们党建党以来，几十年没正式研究过这问题。"③

中国作家协会书记处原书记、社科院文学研究所原所长何其芳曾在回忆文章中这样写道：1942年4月下旬的一天上午，他与"鲁艺"文学系和戏剧系的几个党员教师去见毛泽东，谈到文艺工作，严文井问毛泽东："听说主席喜欢中国古典诗歌，您是喜欢李白，还是杜甫？"毛泽东回答说："我喜欢李白。但李白有道士气，杜甫是站在小地主的立场。"④ 1949年12月，毛泽东在去苏联访问的旅途中，与苏联翻译、汉学家费德林谈话中谈到了李白，毛泽东的评价是："李白，唐代杰出诗人。他像天才诗人普希金对俄国人民的贡献那样，为中国人民写了许多珍贵的艺术诗篇。李白的诗是登峰造极的，他是空

---

① 毛岸青、邵华：《回忆爸爸勤奋读书和练书法》，《瞭望》1983年第12期。
② 《燃烧着的回忆——访刘松林和邵华同志》，《文汇报》1983年12月23日。
③ 陈晋主编：《毛泽东读书笔记解析》，广东人民出版社1996年版，第1260页。
④ 何其芳：《毛泽东之歌》，《时代的报告》1978年第2期。

前绝后的不朽艺术家。中国至今没有能超过李白、杜甫的诗才。"①毛泽东喜欢李白的诗，不但自己读，而且还经常推荐他人也读读李白的诗。1959年8月6日，毛泽东曾把李白的《庐山谣寄卢侍御虚舟》推荐给儿媳刘松林，鼓励她开阔胸襟，从毛岸英去世的悲痛中走出来。1961年9月16日在庐山，毛泽东又将这首诗书赠党中央常委诸同志一读。

毛泽东对李白的诗尽管很欣赏，很爱读，但他也一贯主张，对李白和李白的诗作要一分为二，要坚持辩证法。毛泽东认为李白的诗除了"文采奇异，气势磅礴"、具有很高的艺术性等积极的作用外，也有其消极之处，主要表现在李白"尽想当官"和诗的字里行间渗透出"道士气"。在李白的人生观和价值观中，"做大官"的意识是很浓厚的。他在《代寿山答孟少府移文书》中说："申管、晏之谈，谋帝王之术。奋其智能，愿为辅弼。使寰区大定，海县清一。"他的名诗《梁甫吟》集中体现了他的这一思想。《梁甫吟》是李白被排挤出长安后官场失意之时的悲愤之作，他在诗中引用了汉代郦食其的故事。郦是一介书生，嗜酒如命，被称为"高阳酒徒"。他曾给刘邦献计而克陈留，被封为广野君。公元前204年，他游说齐王田广归汉，使刘邦不战而得齐国七十余城。但此时韩信乘机奔袭齐国，齐王以为郦食其以缓兵之计欺骗了他，便把郦扔进了油锅。李白很推崇郦食其以三寸不烂之舌建功于风云际会之时的才智和气概，故说"君不见高阳酒徒起草中"，"指挥楚汉如旋蓬"，希望自己也能像他一样一举成名。但毛泽东不赞成李白在这首诗中透露出的在建功立业上那种书生式的纯理想化的思想和认识，他在1973年7月4日同王洪文、张春桥的谈话中，说到秦皇时随口引出了《梁甫吟》，并用打油诗的方式批评了李白："你李白呢？尽想做官！结果充军贵州，走到白帝

① ［俄］尼·费德林：《我所接触的中苏领导人》，周爱琦译，新华出版社1995年版，第28页。

城，普赦令下来了。于是乎，'朝辞白帝彩云间'。其实，他尽想做官。《梁甫吟》说现在不行，将来有希望。'君不见高阳酒徒起草中'，'指挥楚汉如旋蓬'。那时神气十足。我加上几句，比较完全：'不料韩信不听话，十万大军下历城。齐王火冒三千丈，抓了酒徒付鼎烹'，把他下了油锅了。"①

尽管毛泽东对李白有这样的看法，但他对《梁甫吟》还是很喜欢的。在他的故居藏书中，有一份《梁甫吟》的手抄本，是用一寸大小的毛笔字抄在 16 开毛边纸上的，共 7 页。这是毛泽东晚年视力减退时，为阅读此诗，特意让身边工作人员用大字抄写出来的。我们看到，在此本右上角画了两个红圈，说明这份手抄本毛主席至少看过两遍。在《唐诗别裁集》的这首诗旁，也画有表示读过两遍的大圈；并在"君不见高阳酒徒起草中"、"指挥楚汉如旋蓬"两句旁，用红铅笔画着直线。我们还看到，其他多种版本的李白的这首诗作，毛泽东都不止一次地阅读圈画过。

毛泽东十分喜欢李白的诗歌，身边一直放着几个载有李白诗歌的唐诗选本，如《唐诗别裁集》和《唐诗三百首》、《唐诗三百首详析》等，他老人家在晚年的岁月里还时常翻阅。李白许多诗作，他都熟记于心，开口就能背诵出来。笔者还清晰地记得，1973 年 8 月 11 日上午，主席要看唐代书法大家怀素草书墨迹。当我们把两册怀素草书墨迹送到他跟前时，他很有兴致地与我们几个工作人员交谈起来。他问我们："唐代有位大诗人曾专门写诗赞扬怀素的狂草，你们知道是谁吗？"在场的几位工作人员都说不知道。他老人家看大家都回答不上来，便笑着说："我告诉你们吧，就是那个号为青莲居士的李太白。李太白的《草书歌行》的诗，就是专门赞扬僧怀素的狂草的。"说着他老人家就抑扬顿挫地给我们背了起来："少年上人号怀

---

① 陈晋主编：《毛泽东读书笔记解析》，广东人民出版社 1996 年版，第 1271—1272 页。

素，草书天下称独步。墨池飞出北溟鱼，笔锋杀尽中山兔。八月九月天气凉，酒徒词客满高堂。笺麻素绢排数箱，宣州石砚墨色光。吾师醉后倚绳床，须臾扫尽数千张。飘风骤雨惊飒飒，落花飞雪何茫茫！起来向壁不停手，一行数字大如斗。恍恍如闻神鬼惊，时时只见龙蛇走。……"当时，一是我们没有读过李白的这首诗，二是他老人家的湖南口音浓重。所以他背诵的时候，我们大多都听不清楚。听不清楚，当时也不能说听不清楚。他老人家背的时候，我们几个在场的同志边笑边点头。他老人家背完之后，我们几个不约而同地鼓起掌来。看我们鼓掌，他老人家也笑了起来。看得出，他老人家很高兴。这是一段小故事。这么长的诗，他老人家随口就能背诵出来，可见，他对李白的诗是多么喜爱，多么地下功夫！我们知道，李白的许多诗作毛主席都很熟悉，都能随口背咏。前面说到的手书李白的15首诗，都是凭记忆书写的。我们也曾与原作核对过，几乎没有差误。

下面再说说读李贺的诗。毛泽东认为："李贺诗很值得一读。"

李贺是继李白之后，唐朝又一位杰出的浪漫主义诗人。多种版本的李贺诗集，如《李长吉歌诗》、《李长吉集》、《李昌谷诗集》、《李昌谷诗注》等，毛泽东都有浓厚的兴趣，曾不止一遍地阅读圈画过。直到1974年5月7日下午，他老人家还指示我们将叶葱奇编订、人民文学出版社出版的平装本《李贺诗集》印大字线装本。7月2日大字线装本印出后一直放在游泳池卧室里和会客厅的书架上，那些时日，他尽管身患多种老年性疾病，在病中还经常阅读。李贺的《致酒行》中"我有迷魂招不得，雄鸡一声天下白。少年心事当挐云，谁念幽寒坐呜呃"之句，他老人家百读不厌。

李贺的另一首诗《梦天》也是毛泽东非常喜爱的。此诗有晋人游仙诗之风，"老兔寒蟾泣天色，云楼半开壁斜白。玉轮轧露湿团光，鸾佩相逢桂香陌。"诗人对想象中月宫的描绘可谓美丽奇特，在所有写月宫的诗中独树一帜。"黄尘清水三山下，更变千年如走马。遥望齐州九点烟，一泓海水杯中泻。"诗人梦游月宫，感宇宙之博大，察地球之渺小，九州大地，自天外观之不过是烟尘九点；大海汪洋，从高处俯察，不过是杯中之水。诗中揭示的永恒与短暂、伟大与渺小之间的辩证关系是前无古人的，也是极富哲理的。雄视千古，善于从大处着眼兼有诗人和哲学家气质的毛泽东特别欣赏这首诗，他在黄陶庵评本《梦天》一首题头评语"论长吉每道是鬼才，而其为仙语，乃李白所不及"处，每处都圈点断句，表明他对黄说的极其赞同。毛泽东的《七律二首·送瘟神》中"坐地日行八万里，巡天遥看一千河"等诗句以及《蝶恋花·答李淑一》一词很显然有李贺《梦天》一诗的影响。

毛泽东为什么如此爱读李贺的诗呢？毛泽东认为，李贺的诗与李白、李商隐的诗有相同之点，就是字里行间都充满着幻想和浪漫情怀，其诗想象丰富，构思奇艳，意境瑰丽。这是毛泽东很为喜爱的。有一次在谈到李贺的诗歌时，他曾对随行人员说过：李贺"专门作古怪的诗"，其作品"是鬼诗，不是人诗"。毛泽东欣赏的是他那富于想象、浪漫奇崛的诗风。

毛泽东喜爱读李贺的诗，还有一个原因，就是他很欣赏李贺不满封建统治、不迷信封建帝王的叛逆精神。李贺在《金铜仙人辞汉歌》中写道"茂陵刘郎秋风客，夜闻马嘶晓无迹"，在《苦昼短》中写道"刘彻茂陵多滞骨，嬴政梓棺费鲍鱼"，诗中敢于称汉武帝为"刘郎、刘彻"，直呼秦始皇为"嬴政"，正是表现了作者的这种勇气。在1958年成都会议上，毛泽东讲话中提倡振作精神，破除迷信，曾举李贺为例。毛泽东说，中国的儒家对孔子就是迷信，不敢称孔丘，李贺就不是这样，对汉武帝直称其名。

20世纪50年代，毛泽东在读清人项家达编的《初唐四杰集》一书时，在该书开篇"秋日楚州郝司户宅饯崔使君序"一段文字旁边写了一段长长的有关王勃的批注，在这段批注中称赞李贺是"英俊天才"，但"死时二十七"，"惜乎死得太早了"。在50年代末，每次提到历史上年轻有为的人物时，毛泽东总是要提到李贺，称他多才而短命，有特殊成就。

李商隐的诗也是毛泽东很为喜爱的。李商隐是唐代后期的著名诗人。他的诗与李白、李贺的诗作有相同之点，就是都具有幻想、浪漫色彩，同时，李商隐又受到同时代大诗人杜甫现实主义诗风的影响，他的诗又有自己鲜明的时代特色、个性特征和独特的艺术风格。这是毛泽东喜爱李商隐诗的主要原因。毛泽东不但喜欢他的《无题》、《锦瑟》、《嫦娥》等情致缠绵的爱情诗，而且也喜欢李商隐的《贾生》、《马嵬》、《隋宫》等政治诗，并对其好多作品都能熟背如流。据著名历史学家、全国人大原副委员长周谷城回忆：1965 年他在上海见到毛泽东，谈到旧体诗及李商隐，兴之所至，他背诵起了李商隐诗《马嵬》：“海外徒闻更九州，他生未卜此生休。空闻虎旅传宵柝，无复鸡人报晓筹。此日六军同驻马，当时七夕笑牵牛。”背到此，周谷城忘记七八两句，背不下去，毛泽东便接口背道：“如何四纪为天子，不及卢家有莫愁。”1965 年 6 月 28 日，毛泽东在上海和上海复旦大学教授刘大杰谈话，毛泽东问刘大杰：“《贾生》一诗能背得出来吗？”刘大杰背诵后，毛泽东慨叹：“写得好哇！写得好！”

1958 年 11 月 1 日，毛泽东来到河南新乡沁阳县视察工作，时任沁阳县委书记叫赵汉儒。毛泽东见到赵汉儒开口就说：“沁阳是李商隐的故乡，李商隐的诗写得好哇，我很喜欢他的诗！雍店这个村还有吗？李商隐就是这个村的！”赵汉儒回答说：“这个村现在叫新店。”毛泽东饶有兴趣地接着说：“应该叫店，叛匪火烧雍店，叫新店好，好！”

1975 年 5 月，毛泽东双眼都患老年性白内障，看不清东西了，就把北京大学中文系芦荻老师请到中南海给毛泽东读书。据芦老师回忆：有一次给毛泽东读李商隐诗，读错了一个字，主席立刻让她停下，并进行纠正。可见即使到了晚年，毛泽东对李商隐的诗歌还是那么熟悉。

毛泽东对李商隐生平事迹以及其生活也有兴趣。20 世纪五六十年代的一天，毛泽东给秘书田家英写过一封信：“田家英同志：苏雪林著《李义山恋爱事迹考》，请去坊间找一下，看是否可以买到，或者商务印书馆有此书?"

毛泽东还关注和参与李商隐诗歌研究。他读《历代诗话》，关于李商隐《锦瑟》中的"锦瑟"解释，对苏东坡的"适、怨、清、和"说和其他几种关于"锦瑟"的不同解释，一路画了密圈。1965 年 6 月，和刘大杰谈到李商隐《无题》诗，毛泽东发表意见："《无题》诗要一分为二，不要一概而论"。

1975 年 8 月 2 日，刘大杰为修改其《中国文学发展史》，关于李义山的《无题》诗专门致信毛泽东，刘大杰在信中写道："关于李义山的《无题》诗，说有一部分是政治诗，也有少数是恋爱诗，这样妥当吗?"1976 年 2 月 12 日，毛泽东在身患多种疾病的情况下还给刘大杰复信。他在信中写道："李义山《无题》诗现在难下断语，暂时存疑可也。"这是毛泽东生前致友人的最后一封信。

毛泽东常以李商隐诗作为书法练习内容。上面说到的《毛泽东手书古诗词选》中收有李商隐的《锦瑟》、《筹笔驿》、《无题》（"相见时难别亦难"）、《马嵬》、《嫦娥》、《贾生》等。

由于对李商隐部分作品烂熟于心，毛泽东能够随口用其诗句。余伯流、陈钢的《毛泽东在中央苏区的几起几落》一书谈道：1933 年年底，毛泽东被中共临时中央撤销红军总政委职务后，与妻贺子珍常在福建长汀卧龙北山散步，一次贺子珍被路边腊梅吸引，让毛泽东看，他看后随口吟了两句："春心乐于花争发，与君一赏一陶然。"这第一句显然是从李商隐《无题》（"飒飒东风细雨来"）诗"春心莫共花争发"一句化来。

毛泽东的诗词中，有的诗句就源自李商隐的作品。如毛泽东的《七绝·贾谊》，明显融入了李商隐咏史诗《贾生》。《七绝·贾谊》全诗："贾生才调世无伦，哭泣情怀吊屈文。梁王堕马寻常事，何用哀伤付一生。"李商隐《贾生》全诗："宣室求贤访逐臣，贾生才调更无伦。可怜夜半虚前席，不问苍生问鬼神。"《七绝·贾谊》第一句"贾生才调世无伦"显然从《贾生》第二句"贾生才调更无伦"演化而来。

我们从毛泽东圈画过的图书资料中看到，其中李商隐诗据不完全统计有三十余首。毛泽东圈画过多次的李商隐诗有《有感二首》、《重有感》、《锦瑟》、《夜雨寄北》、《马嵬》、《贾生》、《北齐二首》、《隋宫》和《韩碑》。其中《无题》（"相见时难别亦难"）在标题上连画三圈。《无题》（"昨夜星辰昨夜风"）、《无题》（"飒飒东风细雨来"）等诗也都有圈画。在读《随园诗话》时，毛泽东对杨守和、尹文端集李商隐诗句的对子"夕阳无限好，只是近黄昏"、"天意怜幽草，人间重晚晴"加了圈画。这些毛泽东阅读批注、圈画的李商隐的诗作都还保存在中南海毛泽东丰泽园故居里。

二、圈画最多的是辛弃疾的词

我们从毛泽东生前阅读批注圈画过的书籍中看到，我国著名词人，例如：苏轼、李清照、岳飞、陆游、张孝祥、张元幹、秦少游、萨都剌等等的词作，毛泽东几乎都读过、都圈画过。读得最多、圈画最多的是南宋伟大的爱国主义词人辛弃疾的词。辛弃疾号稼轩，是我国开一代词风的伟大词人，也是一位能征善战、熟稔军事的民族英雄。他的词作"大声镗鞳，小声铿鍧，横绝六合，扫空万古，自有苍生所未见"，已成为中国文学史上的瑰宝。古人曾有人这样赞美他：稼轩者，人中之杰，词中之龙。我国当代文豪郭沫若曾为辛弃疾之墓撰写挽联："铁板铜琶继东坡高唱大江东去，美芹悲黍冀南宋莫随鸿雁南飞。"这是对辛弃疾词的风格与价值最有见地的评价。正因为如此，毛泽东对辛弃疾别具风格的词才爱不释手，读了又读，圈了又圈，画了又画。对辛弃疾词作中的"金戈铁马，气吞万里如虎"的英雄气概，毛泽东是很为赞赏的。

毛泽东是怎样读、怎样圈画辛弃疾的词的呢？中南海毛泽东故居藏书中，中国古典词作种类很多，版本很多。《词综》就有五种以上不同的版本。1974年年初，他老人家双眼白内障越来越重，看书看报越来越不清楚了。在这种情况下，他老人家还要看《词综》。原来他看过的两种线装本《词综》，字都比较小，我们就把它影印放大。一种放在他游泳池住地的卧室里，一种放在游泳池住地的会客厅里。这两种《词综》里的辛弃疾的词，毛泽东都多次阅读圈画过。辛弃疾年轻时参加过抗金义军，他也曾多次上书建议抗金。当朝统治者对他的上书建议不但只字不理，而且还打击迫害他，致使他长期丢职闲居。理想、抱负都不能实现，满怀雄心大志不被人重视，所以他郁郁终生、苦闷不已。辛弃疾的词作，有相当数量是抒发他对往日战斗生活的怀念和大志抱负不能实现的苦闷心情。我们从会客厅里的这部《词综》里看到，辛弃疾的这些词，毛泽东都作了圈画。其中有一首词《破阵子·为陈同甫赋壮词以寄之》，词中写道："醉里挑灯看剑，梦回吹角连营。八百里分麾下炙，五十弦翻塞外声，沙场秋点兵。马作的卢飞快，弓如霹雳弦惊。了却君王天下事，赢得生前身后名。可怜白发生！"陈同甫就是陈亮，他是辛弃疾志同道合的好朋友。词的字里行间反映了辛弃疾昔日的思绪情感。毛泽东在这首词的天头上用黑铅笔重重地画了一个大圈。另一首词《水调歌头·舟次扬州和杨济翁、周显先韵》："落日塞尘起，胡骑猎清秋。汉家组练十万，列舰耸层楼。谁道投鞭飞渡？忆昔鸣髇血污，风雨佛狸愁。季子正年少，匹马黑貂裘。今老矣，搔白首，过扬州。倦游欲去江上，手种橘千头。二客东南名胜，万卷诗书事业，尝试与君谋。莫射南山虎，直觅富民侯。"毛泽东也爱读。在这首词标题的天头上，毛泽东用黑铅笔画了一个大圈。我们还看到，毛泽东在读词过程中不仅非常用心地理解词意和词的创作艺术，而且还很认真地把书上印错的字改正过来。如上述词中的"列舰耸层楼"一句中的"舰"字，书上错印成"槛"字，毛泽东在阅读中就用黑铅笔把它改正过来了。这是毛泽东在读书中的一贯做法。

在服务工作过程中，我们还看到辛弃疾的另一本著作，书名是

《稼轩长短句》，是中华书局 1959 年影印出版的。这部书一共是四个分册。每一分册的封面上，毛泽东都用粗红铅笔画上了圈。这个圈一方面说明他读过了这一册，另一方面也说明他喜爱读这一册中的词。翻开这部书，我们粗略地数了一下，毛泽东先后在六十多首的标题上画了圈。书中画圈、点、曲线、粗线的地方很多，有的是用黑铅笔圈点勾画的，有的是用红铅笔圈画的。不同的笔迹，说明是读过多遍的，是十分喜爱的。

毛泽东手书辛弃疾词（部分）

我们知道，辛弃疾有两首词是毛泽东很为喜爱的。一首是《永遇乐·京口北固亭怀古》。原词是："千古江山，英雄无觅孙仲谋处。舞榭歌台，风流总被雨打风吹去。斜阳草树，寻常巷陌，人道寄奴曾住。想当年，金戈铁马，气吞万里如虎。元嘉草草，封狼居胥，赢得仓皇北顾。四十三年，望中犹记，烽火扬州路。可堪回首，佛狸祠下，一片神鸦社鼓。凭谁问：廉颇老矣，尚能饭否？"词中的"想当年，金戈铁马，气吞万里如虎"的词句和英雄气概，都是毛泽东很为欣赏的。另一首是《南乡子·登京口北固亭有怀》。原词是："何处望神州？满眼风光北固楼。千古兴亡多少事？悠悠。不尽长江滚滚流。年少万兜鍪，坐断东南战未休。天下英雄谁敌手？曹刘。生子当如孙仲谋。"这首词，毛泽东非常喜爱，中南海故居里存放的多种词作，这首词毛泽东都做过圈画。不仅读得多、记得牢，他还经常挥毫书写，一字不差。书写时，常常口里小声背诵，手中疾书，情感真挚，精神抖擞，流畅自如。说到毛泽东喜爱辛弃疾这首词，还曾有这样一段小故事：1957 年 3 月，在一次由南京飞往上海的途中，当飞机飞临镇江上空时，毛泽东兴致盎然，提笔蘸墨，书写《南乡子·登京口北固亭有怀》，一边书写，一边向同行的工作人员解释这首词的意义和词中所提到的典故。据史书记载，历史上京口北固亭就在现今镇江的东北，京口曾是三国时期吴国孙权建都的地方。我们知道，毛泽东生前坐飞机外出就不多，在万里高空留下墨宝，就更为稀罕了。这幅极其珍贵的书作，中央档案馆一直高度重视，指定专人珍藏着。

毛泽东不仅爱读、爱背诵、爱书写辛弃疾上述《南乡子·登京口北固亭有怀》这首词，还爱书写辛弃疾《菩萨蛮·书江西造口壁》、《摸鱼儿》、《贺新郎·别茂嘉十二弟》等词作。毛泽东书写的辛弃疾的词作墨宝都收印在《毛泽东手书古诗词选》一书中。

辛弃疾的词作中，还有一些是抒发感情的，有的写得很细腻、优美、动人。毛泽东对辛弃疾的这些词作也爱读，也有圈画。如《太常引·建康中秋夜为吕叔潜赋》这首词："一轮秋影转金波，飞镜又重磨。把酒问姮娥：被白发欺人奈何？乘风好去，长空万里，直下看山河。斫去桂婆娑，人道是清光更多。"这首词，毛泽东先后读过多遍，也有圈画，在书的天头上还画了一个大圈。辛弃疾还有一首词，叫《木兰花慢·可怜今夕月》，词前作者写了一段小序："中秋饮酒将旦，客谓前人诗词有赋待月，无送月者，因用《天问》体赋。"词是这样写的："可怜今夕月，向何处，去悠悠？是别有人间，那边才见，光影东头？是天外。空汗漫，但长风浩浩送中秋？飞镜无根谁系？姮娥不嫁谁留？谓经海底问无由，恍惚使人愁。怕万里长鲸，纵横触破，玉殿琼楼。虾蟆故堪浴水，问云何玉兔解沉浮？若道都齐无恙，云何渐渐如钩？"我们看到，毛泽东读这首词时，对前面的小序每句话都圈点，在词中的每个疑问句后，都画了一个大大的问号，在词的标题前用黑铅笔连画了三个大圈。从圈画中可以看出，毛泽东读这首词时，对词作者在七百多年前就这样缜密地观察月亮升落、旋转的自然景象，是非常欣慰的，对作者这种丰富的想象是很称赞的。直到 1964 年 8 月，毛泽东在和周培源、于光远两位同志谈哲学问题时，还提到辛弃疾这首词，他认为辛词和晋朝人张华《励志诗》中的诗句"太仪斡运，天回地游"，都包含着地圆的含义。这也是毛泽东爱读辛词的一个方面的原因。

毛泽东读诗读词，不仅在欣赏诗词的艺术性，而且更欣赏诗人、词人丰富的想象力和浪漫豪放的情怀及其辩证的思维。对中国古代的词作，大致分为婉约、豪放两派。应当怎样去读？怎样去对待？1957 年 8 月 1 日，在《对范仲淹两首词的评注》中表明了他个人的看法。毛泽东的评注是这样写的："词有婉约、豪放两派，各有兴会，应当兼读。读婉约派久了，厌倦了，要改读豪放派。豪放派读久了，又厌倦了，应当改读婉约派。我的兴趣偏于豪放，不废婉约。婉约派中有许多意境苍凉而又优美的词。范仲淹的上两首，介于婉约与豪放两派之间，可算中间派吧；但基本上仍属婉约，既苍凉又优美，使人不厌

读。婉约派中的一味儿女情长，豪放派中的一味铜琶铁板，读久了，
都令人厌倦的。人的心情是复杂的，有所偏但仍是复杂的。所谓复
杂，就是对立统一。人的心情，经常有对立的成分，不是单一的，是
可以分析的。词的婉约、豪放两派，在一个人读起来，有时喜欢前
者，有时喜欢后者，就是一例。睡不着，哼范词，写了这些。"① 这
是毛泽东对范仲淹两首词的评注，也是毛泽东关于怎样读中国古词的
独特的见解。我们知道，毛泽东读古诗古词的范围非常广泛，很多的
古诗古词他全能从头至尾背诵出来。

三、也爱读晚唐诗人罗隐的诗

"时来天地皆同力，运去英雄不自由。"这是晚唐诗人罗隐咏史
诗《筹笔驿》中的诗句。这两句诗，是毛泽东晚年很为喜爱的。我
们看到，毛泽东晚年手书古诗词时，这两句诗是很爱书写的，也是写
的次数最多的。有单句书写，也有整首诗书写的。还在读书过程中写
批注时几次在不同的书上写过这两句诗。如在读乾隆十二年武英殿
版、同治八年岭南莊古堂重刻《南史》卷七《梁武帝纪》时，读到
了作者李延寿写的评说："自古拨乱之君，固已多矣，其或树置失
所，而以后嗣失之，未有自己而得，自己而丧。追踪徐偃之仁，以致
穷门之酷，可为深痛，可为至戒者乎！"在这一段文字的天头上就用
红铅笔写了"时来天地皆同力，运去英雄不自由"两句诗作为批注。
另外至少还有两处，毛泽东在不同的书上用铅笔写了这两句诗。笔者
记得一处是在一本书的封三上，纸张都有些发黄了，这本书书名我记
不住了。还有一处是用蓝铅笔写的。好像是他在看书时头脑里又浮现
出这两句诗，他即写下了。与他当时所读的书并没有直接的联系。我
记得诗句好像是写在一本书中间的空白处。

---

① 《毛泽东文集》第七卷，人民出版社1999年版，第304页。

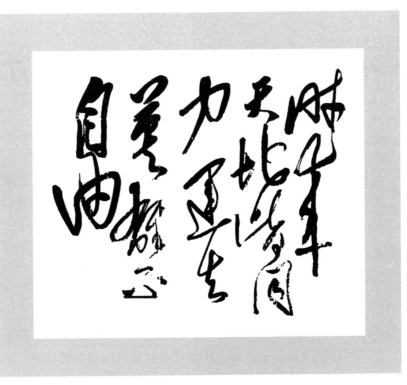

毛泽东手书罗隐诗句："时来天地皆同力，运去英雄不自由"

罗隐《筹笔驿》的这首诗全文是："抛掷南阳为主忧，北征东讨尽良筹。时来天地皆同力，运去英雄不自由。千里山河轻孺子，两朝冠剑恨谯周。惟余岩下多情水，犹解年年傍驿流。"毛泽东在读罗隐这首诗时，在这首诗的标题前画了三个大圈，每句诗的末尾也都画上了圈，还在这首诗的第一句旁边画了曲线，从第三句开始，一直到全诗最后一个字，逐字逐句画上了圈。

筹笔驿为古地名，在今四川省境内。传说是诸葛亮率兵出师，曾驻扎于这个地方，并在这里运筹决策。罗隐，字昭谏，是唐代晚期的诗人，留下的诗作不少。中南海毛主席故居存书里就存有罗隐的两本诗集。一本是《罗昭谏集》（清人辑本），一本是《甲乙集》。这两本诗集，毛泽东都读过多遍，浓圈密点过的有近百首，圈点较多的是咏史诗。毛泽东读罗隐咏史诗等的具体情况下面再说。这里先说说罗隐的"时来天地皆同力，运去英雄不自由"两句诗和笔者对毛泽东喜爱这两句诗的一点点浅析。

罗隐《筹笔驿》中的这两句诗，表达了诗人对诸葛亮出众才华、才思过人的颂扬和钦佩，同时也表达了诗人对诸葛亮未能实现初衷、用尽其才、光复汉业深感惋惜。这是诗人罗隐的情怀。毛泽东为什么又读又书写又圈画这两句诗呢？这里笔者试作点分析。

我们知道，从1971年9月13日，林彪及其叶群等一伙惶遽叛逃、粉身碎骨于蒙古的温都尔汗之后，毛泽东精神上遭受了沉重的打击。加上"四人帮"一次次地发难，国事、家事等使得他老人家日渐衰老。尽管当时全国亿万人民一遍又一遍发自内心地祝愿他老人家"万寿无疆"，但是美好的愿望是不能违背无情的自然规律的。进入70年代之后，各种老年性疾病无情地向毛泽东袭来。病魔缠住了他那曾是高大魁梧、非常健康的身躯；白内障遮住了他那曾是洞察一切、识妖辨怪的火眼金睛；肺心病伴严重缺氧致使他突然休克，险些夺走了他的生命；大叶性肺炎带来的昼夜咳嗽，脑神经功能的减弱、脑血管的渐进硬化导致了他老人家腿脚不能行动。一位当年叱咤风云、举世无双、欲与天公试比高的全中国人民的统帅，面对这些肆虐的病魔也显得无能为力，最终只好"随它去了"。毛泽东爱读爱书写罗隐的"时来天地皆同力，运去英雄不自由"两句诗，一方面表明他对诗作者写作这首诗时的思想情感的理解和赞同，另一方面也是他本人当时内心世界的自我流露。笔者认为，如果说，从1935年著名的遵义会议之后，特别是万里长征大转移来到陕北延安之后及抗日战争、全国解放战争期间，直到社会主义新中国成立的初期，毛泽东领导全中国人民团结一致，万众一心，排除万难，夺取了一个又一个的伟大胜利是"时来天地皆同力"的话，那么，进入60年代，特别是到了70年代，毛泽东在领导中国人民建设社会主义的伟大探索实践中出现了失误，对于持续十年的"文化大革命"这一全局性的"左"倾严重错误，给党、国家和各族人民带来了严重的灾难，国民经济遭受巨大损失，他本人又重病缠身，两腿肿得不能站立，两脚肿得穿不上鞋子，走不了路，人一天一天变老，就是"运去英雄不自由"了。毛泽东晚年心灵深处是不是也有诗人罗隐当年"运去英雄不自由"的阴影呢？

罗隐是晚唐时期很有才气的一位诗人。《吴越备史·罗隐本传》一书中称赞罗隐是"黄河信有澄清日，后代应难继此才"。尽管他有才华，但很不得志。在以科举取士的封建社会里，他因写有《谗书》讥讽时政，触犯了统治阶级，得罪了诸多的上层人物。因此，他10次投考进士，10次榜上无名。怀才不遇，才能难展。悲愤之下，隐居深山。他的许多诗作，是在他隐居深山之后写的。诗言志，诗言情。在悲愤、不满、消极、低沉的情感之下写的诗作，许多都是他内心情感的真实表白，自然流露。上述他的名句"时来天地皆同力，运去英雄不自由"，除了有对诸葛亮未能用尽其才、光复汉室深感惋惜之意外，也是表达他自己当时怀才不遇、才能难展的消极和低沉的内心思绪以及很感失望、失落的思想情感。

罗隐怀才不遇、才能难展，隐居深山，消极、低沉、失落、悲愤。毛泽东晚年病魔缠身，体质越来越差，身体越来越不好，加上林彪的背叛、江青等"四人帮"迫不及待篡党夺权，再加上周恩来总理、朱德委员长等老一辈革命家相继辞世等等国事、家事、烦事、愁事、悲事。不同的年代，不同的人物，不同的时空岁月，他们两人是不是都有"运去英雄不自由"的同感呢？

罗隐的咏史诗，毛泽东首首都读，几乎首首、句句都作圈画。除上述的《筹笔驿》外，还有一首叫《王濬墓》，诗中写道："男儿未必尽英雄，但到时来即命通。若使吴都犹王气，将军何处立殊功。"据史籍记载，王濬是西晋大将，水师统帅，曾率水师破吴获胜。毛泽东读这首诗时，先在这首诗的标题前画了两个大圈，又在头两句诗旁边连续画了几个圈。罗隐还有一首咏史诗叫《西施》，诗的全文是："家国兴亡自有时，吴人何苦怨西施。西施若解倾吴国，越国亡来又

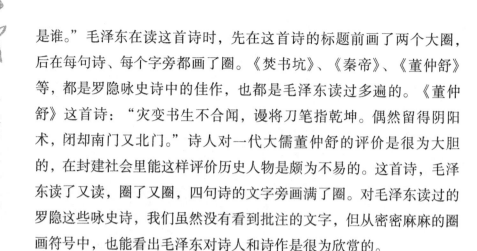

是谁。"毛泽东在读这首诗时，先在这首诗的标题前画了两个大圈，后在每句诗、每个字旁都画了圈。《焚书坑》、《秦帝》、《董仲舒》等，都是罗隐咏史诗中的佳作，也都是毛泽东读过多遍的。《董仲舒》这首诗："灾变书生不合闻，谩将刀笔指乾坤。偶然留得阴阳术，闭却南门又北门。"诗人对一代大儒董仲舒的评价是很为大胆的，在封建社会里能这样评价历史人物是颇为不易的。这首诗，毛泽东读了又读，圈了又圈，四句诗的文字旁画满了圈。对毛泽东读过的罗隐这些咏史诗，我们虽然没有看到批注的文字，但从密密麻麻的圈画符号中，也能看出毛泽东对诗人和诗作是很为欣赏的。

我们看到，毛泽东读罗隐的诗作写的唯一的一条批注是："十上不中第"。毛泽东批注的这五个字不难理解，就是"十次上考，十次没考中"的意思，是对罗隐当年实际遭遇的一种注释，也是对罗隐怀才不遇，"运去英雄不自由"内心情感的一种同情。这五个字的批注是在读了罗隐的《嘲钟陵妓云英》这首诗之后写下的。这首诗的全文是："钟陵醉别十余春，重见云英掌上身。我未成名卿未嫁，可能俱是不如人。"罗隐的这首诗在《罗昭谏集》和《甲乙集》两本诗集里都刊载了。上述的批注是写在《甲乙集》刊载的这首诗的天头上，是用黑铅笔写的。两种版本书中刊载的这首诗，毛泽东都读了又读，都有圈画。在《罗昭谏集》这首诗的后两句，每字旁边都画上圈。罗隐的这首诗，从字面上看是有嘲笑妓女云英的意思，但实际上也是诗人自己屡试不中、内心深感痛楚的一种写照。诗人心理，他与妓女虽然身世不同，窘境不同，但实际上是"同病相怜"的，都是受人欺凌、任人摆弄，"俱是不如人"的。这与诗人在另一首《自遣》诗中表白的意境是一致的。罗隐的《自遣》诗："得即高歌失即休，多愁多恨亦悠悠。今朝有酒今朝醉，明日愁来明日愁。"面对无情的社会现实和种种丑恶的现象，"愁"也好，"恨"也罢，有看法、有想法，最终却是无能为力，只能"今朝有酒今朝醉，明日愁来明日愁"。诗人罗隐也好，妓女云英也好，命运不都"俱是不如人"

嘛！毛泽东对罗隐的《自遣》诗、《偶兴》诗、《东归别常修》等诗，也是读过多遍的，许多诗句旁边都画上了圈。

罗隐的两本诗集《罗昭谏集》、《甲乙集》中还有一些写景的诗，这些诗也有独到之处，有的写得很精彩。这些写景的诗，毛泽东也都读过，也都圈画过。这里笔者也向读者介绍几首毛泽东读批的情况。

第一首是《七夕》："月帐星房次第开，两情惟恐曙光催。时人不用穿针待，没得心情送巧来。"古人描写神话中牛郎织女相爱的诗很多，像罗隐这样把一对久别重逢男女相爱的情感写得这么细腻，构思这么别致，意境这么新颖，是不多见的。毛泽东对这首诗和诗人过人的才华是很欣赏的。我们看到，他在阅读中不仅在最后两句诗旁字字画圈，而且在诗后又画上了两个小圈外套两个大圈。诗句旁小圈连小圈，诗末小圈套大圈，圈圈相连。由此可看出，毛泽东对罗隐写景诗也是很喜爱的。第二首是《浮云》："溶溶曳曳自舒张，不问苍梧即帝乡。莫道无心便无事，也曾愁杀楚襄王。"第三首是《京中正月七日立春》："一二三四五六七，万木生芽是今日。远天归雁拂云飞，近水游鱼迸冰出。"这两首诗写得也很独特，诗人构思很为精致，毛泽东也很喜爱。他在阅读过程中，这两首诗全诗都加了圈点，诗的标题前还分别画了两个大圈。第四首是《中秋夜不见月》，诗的第一句："阴云薄暮上空虚"，阅读中，毛泽东在句末就用黑铅笔画了两个圈。诗的第二句："此夕清光已破除"，句末，毛泽东又画了两个圈。第三、四句："只恐异时开雾后，玉轮依旧养蟾蜍。"每个字旁都画了圈。这首写景诗，诗人的构思、文采、想象等都别有特色，所以，毛泽东在欣赏之余，圈了又圈，画了又画。

罗隐虽然怀才不遇，"十上不中第"，但是，他写下的一首首诗作，能流传至今，受到了毛泽东的青睐。诗中体现的才华和倾吐的情感，得到毛泽东的赏识和同情，这是诗人不会想到的。

本讲结语 ////

　　我国古典诗、词、曲、赋各家著作，是毛泽东一生很为喜爱的。直到晚年病魔缠身的岁月，他老人家对我国的古典诗、词、曲、赋著作仍充满浓厚的兴趣，爱不释手，读了又读，读而不倦、读而不厌。以上介绍的只是其中的一小部分，仅从这一小部分文字中，就可以清楚看出毛泽东对古典诗、词、曲、赋的喜爱和别致的情怀。毛泽东本人独特的风格、别致的诗词文采，与他长年累月学习、钻研我国古典诗、词、曲、赋是不能分开的。他善于从众多的古典诗、词、曲、赋中汲取其自己喜爱、欣赏的充满想象、浪漫豪放、气势磅礴、文采奇异的各种元素，为我所有，古为今用，逐步形成自己独家特色、别具风格的诗词创作，这应当说是毛泽东一生不懈阅读学习古典诗、词、曲、赋的一条心理追求和思想情怀。随着时间的推移，毛泽东创作的诗词，也必将成为中华民族古典诗、词、曲、赋大作中的瑰宝，让今人和后人千古吟诵。

第五讲　一生爱读鲁迅著作

一、鲁迅著作是毛泽东读书生活中
　　不能缺少的

毛泽东一生爱读鲁迅著作。

1938 年 1 月 12 日，毛泽东给当时在延安抗日军政大学任主任教员的艾思奇写了一封信，在信的开头写道："我没有《鲁迅全集》，有几本零的，《朝华夕拾》也在内，遍寻都不见了。"[①]从此信中可以看出，毛泽东当时需要鲁迅的著作的心情是很迫切的。信中所说的《朝华夕拾》即为《朝花夕拾》，这本鲁迅著作

---

① 　《毛泽东书信选集》，人民出版社 1983 年版，第 118 页。

的单行本最初是由北京未名社 1928 年 9 月出版的，后来收在二十卷本《鲁迅全集》第二卷里。据有关书刊介绍，1928 年以后至 1938 年 1 月毛泽东写此信以前，上海、北京的一些出版社先后出版过鲁迅的小说、杂文著作的单行本。毛泽东在信中说"有几本零的"，就是说除了《朝花夕拾》之外，还有其他的单行本的鲁迅著作。这就说明，毛泽东在写此信之前即 1938 年 1 月以前，就已经读过相当数量的鲁迅著作，并对鲁迅的一些见解产生了共鸣，以致产生了对阅读鲁迅著作的迫切情感。实际上也正是这样，1937 年 10 月，在鲁迅逝世一周年的时候，毛泽东就在延安陕北公学鲁迅逝世周年纪念大会上作了题为《论鲁迅》的讲话。在这个讲话中，毛泽东对鲁迅作出了极高的评价，他指出："我们纪念他，不仅因为他的文章写得好，是一个伟大的文学家，而且因为他是一个民族解放的急先锋，给革命以很大的助力。他并不是共产党组织中的一人，然而他的思想、行动、著作，都是马克思主义的。他是党外的布尔什维克。"① 并且号召全党和全体人民学习鲁迅那种为民族解放而奋勇斗争和勇于自我牺牲的伟大的"鲁迅精神"。这就足以证明，在这以前，毛泽东就阅读过鲁迅的不少著作，并且深深为鲁迅著作中所表达的彻底革命的精神和分析当时中国现实的立场、观点、方法所打动，从而产生了对鲁迅的敬慕之心。

要更多地了解鲁迅，在当时的历史条件下，只有借助于鲁迅的著作。因此，到延安之后，毛泽东一方面给艾思奇写信，请求帮助查找，另一方面通过党的地下组织到国民党统治区设法购买鲁迅的著作带回延安。1938 年 8 月，鲁迅先生纪念委员会编印、复社出版的二十卷本的《鲁迅全集》出版了，通过党的地下组织从上海转送到延安，毛泽东得到一套《鲁迅全集》。这是我国第一次出版的《鲁迅全集》。这次出版《鲁迅全集》时，特别印了 200 套编号发行的"纪念

---

① 《毛泽东文集》第二卷，人民出版社 1993 年版，第 42—43 页。

本"，毛泽东得到的是第58号。这种纪念本印装别致，做工精细，色彩协调，非常好看。书面是紫色的漆布硬皮，书背是黑色的漆布，封底、封面的两角都是用书背同样色调的布料包角；书背《鲁迅全集》四个字是宋体金色字，每卷内各集标题用仿宋金字；书顶涂金粉；版权页上印有"（非卖品）"和篆体"鲁迅"印章；书内的正文是80克道林纸。毛泽东得到这套《鲁迅全集》以后，十分珍惜，爱不释手，总是放在自己的身边。多少年来，无论是转移还是行军，走到哪里就把它带到哪里。尽管当时战事忙碌，学习条件很差，但毛泽东总是忙里找闲，只要有一点空隙，就翻开《鲁迅全集》细心阅读，无论是在低矮黑暗的窑洞里，还是在行军中的暂时休息，从不放过任何一个可以利用的时间。

毛泽东在延安读鲁迅著作，同读其他著作一样，常常用笔在书上圈圈画画，一边读，一边画，文章读完了，书上也画满了直线、曲线、圈圈、点点、三角、问号等等多种符号和标志；同时还留下一些简明的批语。毛泽东阅读鲁迅著作十分认真。从他在书上批画情形来看，凡是原书中文字排印颠倒、错字漏字的地方，他都把它一一改正过来。有的错字是容易识别的，有的就不那么容易。例如，《鲁迅全集》第四卷，《二心集》中的《唐朝的钉梢》这篇文章里的一段文字："那里面有张泌的《浣溪沙》调十首，其九云：晚逐香车入凤城，东风斜揭绣帘轻，慢回娇眼笑盈盈，消息未通何计从，便须伴醉且随行，依稀闻道太狂生。"这首词中的"消息未通何计从"的"从"字，如果仅从词义来看，看不出是一个错字。从词律的音韵平仄看，显然是错了。毛泽东读到这里时，将"从"改为"是"字。原词，据中华书局出版的《全唐诗》卷八百九十八所载，确实是"是"字，而不是"从"字。1981年新版《鲁迅全集》已改正。张泌的词在唐代并不十分引人注目，但毛泽东对他的词在延安时就记得这样准确，这说明毛泽东对唐诗是下了很大功夫的，也从一个方面说明他读鲁迅著作的仔细程度。

　　经过较为系统地阅读鲁迅的著作，毛泽东对鲁迅著作的思想性、战斗性、人民性的了解更多了。后来毛泽东在著作、讲话、谈话、报告和一些书信中，多次谈到鲁迅和鲁迅的著作，并对鲁迅在中国革命和文化发展史中的地位作了很高的评价。在《新民主主义论》中，他称赞鲁迅是"文化新军的最伟大和最英勇的旗手"，"鲁迅是在文化战线上，代表全民族的大多数，向着敌人冲锋陷阵的最正确、最勇敢、最坚决、最忠实、最热忱的空前的民族英雄。鲁迅的方向，就是中华民族新文化的方向。"① 1940 年 1 月，陕甘宁边区文协在延安召开第一次代表大会，毛泽东和其他中共中央领导同志分别为大会题词。毛泽东的题词，一则是"为建立中华民族的新文化而奋斗"，另一则就是"鲁迅的方向，就是中华民族新文化的方向"。在《在延安文艺座谈会上的讲话》中，他说："鲁迅的两句诗，'横眉冷对千夫指，俯首甘为孺子牛'，应该成为我们的座右铭"，并号召"一切共产党员，一切革命家，一切革命的文艺工作者，都应该学鲁迅的榜样，做无产阶级和人民大众的'牛'，鞠躬尽瘁，死而后已。"②

　　在戎马倥偬的战争年代，毛泽东的不少书籍和用品都丢了，可是这套二十卷本的《鲁迅全集》却始终保存完好。从陕北的延安到河北平山县的西柏坡村，从西柏坡到北京的香山、中南海，这套《鲁迅全集》一直伴随着毛泽东。从 1938 年到 1976 年，近四十年，这套《鲁迅全集》都始终和他相随。这就从一个侧面说明毛泽东对鲁迅的感情之深。毛泽东到中南海居住以后，有一天在书房里阅读这套《鲁迅全集》，一边翻阅，一边饱含深情地对身边的工作人员说："这套书保存下来不容易啊，当时打仗，说转移就转移，有时转移路上还要和敌人交火。这些书都是分给战士们背着，他们又要行军，又要打仗，书能保存到今天，我首先要感谢那些曾为我背书的同志们。"

---

① 《毛泽东选集》第二卷，人民出版社 1991 年版，第 698 页。
② 《毛泽东选集》第三卷，人民出版社 1991 年版，第 877 页。

1949 年 12 月，毛泽东率领中国党政代表团访问苏联。出访前夕，他亲手挑选了几本鲁迅的著作，还有几本马列的著作、唐诗宋词、名人字画、中国和世界地图等书籍随身携带。在赴莫斯科的途中，他在车厢里，除了批阅文件，和有关同志谈话外，其余的时间大都用在读鲁迅著作和其他书籍上。到了莫斯科，各种外事活动非常繁忙紧张，可是毛泽东还利用点点滴滴的时间认真地阅读鲁迅的著作。有一天，外事活动后回到住地，离吃饭的时间还有不到半个小时，他就拿出一本鲁迅的著作专心致志地读起来。不一会儿，开饭的时间到了，工作人员把饭菜端到桌上，他没顾得上吃，而是继续看书。过了好一会儿，他还是没有吃，眼看饭菜都要凉了，工作人员就走到他身边轻声地催着吃饭，他说："还有一点，看完就吃。"工作人员为了让毛泽东快点吃饭，就站在他的身后，看到他读鲁迅著作十分认真，十分用心，一会儿用笔在书上圈圈画画，一会儿自言自语地说："说得好！说得好！"一直把二十来页的书看完后才开始吃饭。他一边吃，一边笑着对工作人员说，"我就是爱读鲁迅的书，鲁迅的心和我们是息息相通的。我在延安，夜晚读着鲁迅的书常常忘记了睡觉。"他还勉励工作人员，有时间要多读点鲁迅的著作。

1956 年至 1959 年，人民文学出版社相继出版了带注释的十卷本《鲁迅全集》，专收鲁迅的著作，不收译文和古籍；同时还出了一套共 25 册的鲁迅著作单行本。为了阅读方便，毛泽东把这套鲁迅著作的单行本放在自己的床上，每天，无论工作多忙，开会多晚，他都要翻看。从毛泽东留在书上的阅读记号来看，这 25 册的单行本，绝大部分都已看过，有的还不止一次地翻阅。

1966 年 4 月初，毛泽东到外地视察。走了没几天，就请工作人员给北京打电话要鲁迅的小说《小小十年》；5 月中旬，又打电话要全套鲁迅著作的单行本（共 25 册）。到了 70 年代初，毛泽东已近八十高龄，精力、体力、视力都远远不如以前了，健康状况也越来越差。就在这样的情况下，他老人家还是以惊人的毅力，一直坚持阅读

鲁迅的著作。

1972 年，新版大字线装本《鲁迅全集》印出后，为了阅读的方便，我们给毛泽东送去两部，一部摆放在卧室里，一部摆放在会见宾客的大厅里。直到 1976 年 9 月 9 日，毛泽东心脏停止跳动时，他卧室的床上，床边的桌子上、书架上，都还摆放着这部大字线装本的《鲁迅全集》。床上、床边桌子上放的那几册，有的翻开放着的，有的在某一页折上一个角，有的还夹有纸条，有的封面上或篇章题目上还用粗红铅笔画了圈，有的还写下了批注文字。在伴随毛泽东走完生命的最后几年路程的千万册书籍中，除了人民出版社 60 年代出版的大字本马列著作和广东武英殿版的线装本二十四史外，其他书籍中最为突出的就是这部大字线装本的《鲁迅全集》了。

说到毛泽东晚年读鲁迅的著作，有几件感人的事一直铭记在我的心中。每当提起这一件件往事的时候，就激起我对他老人家的深深的思念。

70 年代初，毛泽东已经年近八十高龄，精力、体力都远远地不如以前了，健康状况也越来越差，眼病、腿病等多种老年性疾病也都愈来愈无情地折磨着他。就在这样的情况下，他还天天躺在床上坚持读平装单行本的鲁迅著作和其他各种书籍。1972 年 9 月，文物出版社出版了北京鲁迅博物馆编的《鲁迅手稿选集三编》（线装本）。这本书共收录鲁迅手稿 29 篇，编者说这 29 篇都是从尚未刊印的鲁迅手稿中选出来的。我们收到出版社送来的样书后，立即将这本书送给毛泽东主席，毛泽东见到这本书后，不分昼夜，一有空就翻阅，手稿选集里有的字写得太小，他就用放大镜，一页一页、一行一行往下看。有时，一边看，一边还不时地用铅笔在手稿选集上圈圈画画。毛泽东为什么爱看鲁迅的这本手稿选集呢？毛泽东生前很爱欣赏名家字画和名人手书的诗词、著名警语、格言、楹联等等的。他说，工作之余，看看名人字画、墨迹，这也是一种休息。鲁迅的这本手稿，都是在"语丝"稿纸上，用毛笔竖写的行书体墨迹，字迹清楚，运笔流畅自如。正如郭沫若在评论鲁迅的书法时所说的,"鲁迅先生亦无心作书家,所遗手迹,自成风格。""世人宝之,非因人而贵也。"所以毛泽东常常翻看。有时,他把鲁迅的这本手稿选集当成鲁迅的著作来读的,有时,他也把它作为鲁迅的墨迹来欣赏的。

毛泽东在读《写在〈坟〉后面》这篇鲁迅手稿时,在许多的文字旁边都画了红道道。鲁迅在这篇手稿中有"我的确时时解剖别人,然而更多地是更无情面地解剖我自己"这句名言,毛泽东在阅读1956年出版的单行本时就在这句话下面重重地画了红道,而且在以后又多次给身边的同志讲过。这次当他在手稿中又一次看到这句话时,又用粗红铅笔在这段文字旁边画上了红道道,口中还不由自主地读出声来。这就不难看出,晚年的毛泽东对鲁迅的这句话所表达的勇于自我解剖的精神是多么地欣赏和赞同。

毛泽东自从1971年生病以后,大都躺在床上借助放大镜阅看单行本的鲁迅著作。后来视力愈来愈差,用放大镜看书也越来越困难。怎么办? 1972年2月初,国家出版局根据毛泽东的读书需要,特将20世纪50年代出版的带有注释的十卷本《鲁迅全集》,排印成少量的大字线装本。从1972年7月初到同年的11月中旬,大约四个半月,十卷本《鲁迅全集》全部印装完毕。因为是印装好了一部分送一部分,所以,待毛泽东收到全书时,他也差不多都读完了。

纵观毛泽东阅读过的鲁迅著作,有两个显著的特点:第一,凡鲁迅著作中写的"前年"、"去年"、"两年"等的文字旁边,毛泽东都注明了具体时间。第二,凡是原书中印排颠倒或错漏的文字,都一一予以改正。从毛泽东在读鲁迅著作时的批注、圈画和认真、细致的程度,我们可以看到,毛泽东读鲁迅著作是下了很多很多功夫的。

二、尤爱读鲁迅的杂文

鲁迅的小说是我国以五四运动为主要标志的彻底地反封建文化革

命运动中产生出来的最璀璨的明珠。它一反我国古典文学的俗套，以科学和民主的精神，首次在我国的文学创作中吹响了彻底地反封建主义的号角。鲁迅在他的小说作品中，不仅塑造了代表当时觉醒了的具有彻底反封建的革命者"狂人"的形象，而且也塑造了一大批被封建社会制度所吃掉的被压迫、被剥削、被蹂躏、被侮辱者的穷苦人民的形象。鲁迅的小说，不仅是对我国吃人的封建礼教制度的血泪控诉，而且也是对我国人民中消极落后的精神状态进行了深刻的批评。鲁迅的小说，是当时正在溃败的半殖民地半封建中国社会生活的真实写照。《呐喊》是鲁迅的小说集，共收录了 14 篇鲁迅的创作。这些作品，毛泽东在延安时就认真地读过。

毛泽东不仅爱读鲁迅撰写的小说作品，尤爱读鲁迅撰写的杂文。晚年，毛泽东读鲁迅著作，兴趣最浓、倾注时间和读的遍数最多的是杂文著作。

鲁迅在他三十多年的创作进程中，先后写了 600 多篇约 135 万字的杂文，编辑、出版了几本杂文集。在这些杂文中，他无情地揭露了帝国主义、封建主义、军阀和国民党反动派在中国造成的黑暗和罪恶，展示了旧中国几十年间人民革命斗争的历史潮流，反映了中国人民争取民族独立和解放的强烈声音。鲁迅的杂文不仅是诗与政论的结合，同时也是古代散文的优秀传统与时代精神的结合，是我国二三十年代中华民族的伟大精神的结晶，是刺向敌人的匕首和投枪，是中国文苑中的奇葩，是我国近代思想史上光彩夺目的丰碑。

说到毛泽东晚年读鲁迅杂文的事，还得先从延安时期和新中国成立之后毛泽东读鲁迅的杂文谈起。1938 年 8 月，二十卷本《鲁迅全集》第一次在上海出版后，毛泽东得到了一套。这套《鲁迅全集》中有《坟》、《华盖集》、《华盖集续编》、《而已集》、《三闲集》、《二心集》、《伪自由书》、《且介亭杂文》、《集外集》等全部的杂文集，毛泽东在延安时就认真读过，新中国成立以后出版的单行本他也读过，直到 1972 年，线装大字本《鲁迅全集》印出后，上述的大部分杂文集他老人家还再次阅读。从毛泽东留在这些杂文集上的多种批画笔迹和标记来看，有许多的杂文毛泽东是反复读过很多遍的。例如：《寡妇主义》、《未有天才之前》、《论"费厄泼赖"应该缓行》、《答有恒先生》、《"醉眼"中的朦胧》、《铲共大观》、《流氓的变迁》、《关于翻译的通信》、《捣鬼心传》、《为了忘却的纪念》、《出卖灵魂的秘诀》、《在现代中国的孔夫子》、《拿来主义》等等，这些杂文毛泽东都反复读过多遍。就拿《三闲集》这本杂文集中的《铲共大观》来说，在延安毛泽东读这篇杂文时，就用黑铅笔在"革命的完结，大概只是由于投机者的潜入。也就是内里蛀空"这句话旁边画了道道；50年代在读单行本时，又在这句话下面画了道道；70年代在读大字线装本时，他又用铅笔在这句话旁边画了粗粗的红道。三种不同时期出版的同一篇杂文，在同一内容下都画了道道，这说明他至少读过三遍，同时也说明他很赞同鲁迅的观点。无数历史事实也证明，投机者的潜入，内里蛀空，确是革命完结的一个重要原因。《南腔北调集》中的《捣鬼心传》这篇杂文，毛泽东也多次读过。他对文中的"捣鬼有术，也有效，然而有限，所以以此成大事者，古来无有"这句话，很为赞赏，多次圈画。直到1975年8月，他老人家经过摘除白内障手术仅有一只眼睛还能看清东西时，还又一次阅读这篇杂文，并用颤抖的笔在这句话的旁边画了粗粗的道道，并在这句话的书眉上画了一个大大的红圈。就拿他读大字线装本《鲁迅全集》来说吧，《二心集》、《伪自由书》、《准风月谈》等杂文的封面上都画有一个红圈，说明这些杂文集在他老人家晚年又至少看过一遍。《三闲集》、《南腔北调集》两册封面上都画了两个红圈，说明这两册杂文集毛泽东在晚年至少还看过两遍。圈虽然画得有大有小，道道虽然画得有粗有细，但它是毛泽东晚年垂老不倦地阅读鲁迅杂文的真实的历史记录，也是毛泽东顽强的学习精神的生动体现。

毛泽东读鲁迅的杂文著作，十分用心理解、思索，还时有发挥。例如，在读《花边文学》这本杂文集时，他读到了《正是时候》中的一段话："倘是旧家子弟呢，为了逞雄，好奇，趋时，吃饭，固然也未必不出门，然而只因为一点小成功，或者一点小挫折，都能够使他立刻退缩。这一缩而且缩得不小，简直退回家，更坏的是他的家乃是一所古老破烂的大宅子"，便用红铅笔在这段话下面画了粗粗的两道，还在"吃饭"后面添加了"夺权"两个字。这样就把"旧家子弟"的本质更深入地揭示出来了。这里，毛泽东虽然仅添加了两个字，但恰到好处，给鲁迅的文章增加了色彩。

毛泽东不仅爱读鲁迅的杂文，而且还经常运用鲁迅杂文中的思想和言论来阐明自己的观点，表明自己的主张。这在毛泽东著作、讲话、报告和谈话中，是常常可以见到的。1937年10月19日，延安陕北公学举行鲁迅逝世周年纪念大会，毛泽东在这个大会上发表了《论鲁迅》的讲话。就在这篇讲话中，他用鲁迅《论"费厄泼赖"应该缓行》这篇杂文中的"打落水狗"的主张和思想来启发和教育人们。他说：鲁迅"在一篇文章里，主张打落水狗。他说，若果不打落水狗，它一旦跳起来，就要咬你，最低限度也要溅你一身的污泥。所以他主张打到底"，他号召广大人民群众学习和发扬鲁迅"打落水狗"的革命精神，说："现在日本帝国主义这条疯狗，还没有被我们打下水，我们要一直打到他不能翻身，退出中国国境为止。我们要学习鲁迅的这种精神，把它运用到全中国去。"① 通俗的语言，深刻的道理，给人们以力量和启示。

1942年2月8日，毛泽东在延安干部会上发表了著名的《反对党八股》的讲演。在这次讲演中，他多次引用鲁迅杂文里的话。譬如，洋八股，这是五四运动以后由一些浅薄的资产阶级和小资产阶级知识分子发展起来的东西，经过他们的传播，长时期地在革命队伍中存在着。鲁迅批判这种洋八股说："八股无论新旧，都在扫荡之列……例如只会'辱骂''恐吓'甚至于'判决'，而不肯具体地切

① 《毛泽东文集》第二卷，人民出版社1993年版，第44页。

实地运用科学所求得的公式，去解释每天的新的事实，新的现象，而只抄一通公式，往一切事实上乱凑，这也是一种八股。"毛泽东运用鲁迅的思想和言论，针对当时文风不正的实际情形说："党八股也就是一种洋八股。这洋八股，鲁迅早就反对过的。"① 还说："空话连篇，言之无物，还可以说是幼稚；装腔作势，借以吓人，则不但幼稚，简直是无赖了。鲁迅曾经批评过这种人，他说：'辱骂和恐吓决不是战斗。'"② 就在这个报告会上，毛泽东把他亲自审阅编订的《宣传指南》的小册子分发给每一个与会的人。这里《宣传指南》里收录了鲁迅论创作的一封信，即《答北斗杂志社问》一文。为了便于和推动人们的学习，毛泽东在讲演中专门对《宣传指南》作了解说。鲁迅谈创作有八条，他详细地解说了其中四条。毛泽东说："鲁迅说'至少看两遍'，至多呢？他没有说，我看重要的文章不妨看它十多遍，认真地加以删改，然后发表。文章是客观事物的反映，而事物是曲折复杂的，必须反复研究，才能反映恰当。"③ 我们翻开 1938 年出版的《鲁迅全集》就可以看到，毛泽东在这里所解释的四条，都是他在鲁迅的原文章里画了道道的地方。由此可以看出，毛泽东对鲁迅文章的赞同以及他们思想脉搏的一致性。《宣传指南》是延安整风运动二十二个必读文件之一，并被编入《整风文献》。

　　毛泽东为什么如此爱读鲁迅的杂文，为什么那么喜欢引用鲁迅杂文中的思想和言论来表达自己的观点呢？这是因为鲁迅的杂文具有极强的思想性和战斗性，特别是鲁迅后期的杂文，都是运用马克思主义的基本原理剖析当时中国实际的产物。它是我国 20 世纪 30 年代"围剿"与反"围剿"斗争在文化战线上的最生动、最真实的历史记录。1939 年 12 月 9 日，毛泽东在延安纪念"一二·九"运动四周年大会上的讲演中，在谈到红军到了陕北，还处在国民党的文化"围剿"

　　① 《毛泽东选集》第三卷，人民出版社 1991 年版，第 830 页。
　　② 《毛泽东选集》第三卷，人民出版社 1991 年版，第 834—835 页。
　　③ 《毛泽东选集》第三卷，人民出版社 1991 年版，第 844 页。

的情形时说:"关于这一点,我们只要看一看鲁迅先生的杂感,就可以知道。他的抨击时弊的战斗的杂文,就是反对文化'围剿',反对压迫青年思想的。"①

鲁迅面对帝国主义、封建主义和国民党反动派的统治、压迫和残害,不能直言不讳地阐明和发表自己的见解和主张,他多用冷嘲热讽的杂文形式作战,把钢刀一样的笔刺向他所憎恨的一切。他站在战士的血痕中,坚韧地反抗着、呼啸着前进,并且在斗争中掌握了马克思主义。毛泽东在1937年时曾说过:"鲁迅是一个彻底的现实主义者,他丝毫不妥协,他具备坚决的心";"他在黑暗与暴力的进袭中,是一株独立支持的大树";"他的思想、行动、著作,都是马克思主义的"。② 后来毛泽东还说过:"鲁迅是真正的马克思主义者,是彻底的唯物论者。"③ 他称赞:"鲁迅的骨头是最硬的,他没有丝毫的奴颜和媚骨。"④ 他认为:"鲁迅后期的杂文最深刻有力,并没有片面性,就是因为这时候他学会了辩证法。"⑤

几十年来,毛泽东之所以那么用心,那么认真地一遍又一遍地阅读鲁迅的杂文著作,归根结底,就是因为鲁迅的杂文充满了革命的辩证法,忠实地反映了人民的理想、要求和心声,表达了时代的精神。它不仅能给人民大众指出前进的方向,而且能给人民群众以巨大的精神力量,教育和鼓舞人民群众如何同黑暗、反动的势力和现象作斗争,从而信心百倍地走向光明的未来。正是鲁迅杂文著作的这种思想性、革命性、战斗性和科学性,所以它深深地吸引着毛泽东,终身不懈地多次反复地阅读。

毛泽东不仅自己爱读鲁迅的杂文,而且还多次号召人们向鲁迅学习。1957年,在《同新闻出版界代表的谈话》中,他说:"鲁迅的时

① 《毛泽东文集》第二卷,人民出版社1993年版,第252页。
② 《毛泽东文集》第二卷,人民出版社1993年版,第44、43页。
③ 《毛泽东文集》第七卷,人民出版社1999年版,第263页。
④ 《毛泽东选集》第二卷,人民出版社1991年版,第698页。
⑤ 《毛泽东文集》第七卷,人民出版社1999年版,第277页。

代，挨整就是坐班房和杀头，但是鲁迅也不怕。现在的杂文怎样写，还没有经验，我看把鲁迅搬出来，大家向他学习，好好研究一下。"① 在这次谈话之后的第二天，毛泽东在《在中国共产党全国宣传工作会议上的讲话》中又说："有人说，几百字、一二千字一篇的杂文，怎么能作分析呢？我说，怎么不能呢？鲁迅不就是这样的吗？分析的方法就是辩证的方法。所谓分析，就是分析事物的矛盾。不熟悉生活，对于所论的矛盾不真正了解，就不可能有中肯的分析。"② 与此同时，毛泽东还指出："要分清敌我，不能站在敌对的立场用对待敌人的态度来对待同志。必须是满腔热情地用保护人民事业和提高人民觉悟的态度来说话，而不能用嘲笑和攻击的态度来说话。"③ 毛泽东的这些教导，在社会主义现代化建设事业蓬勃发展的今天，仍然具有极其重要的现实意义。

三、爱读爱书写鲁迅的诗

毛泽东不仅爱读鲁迅的小说、杂文，而且还非常爱读鲁迅的诗。

鲁迅的诗作，虽然一共仅存有 62 题 79 首，与其全集或所创作的小说、杂文相比，当然是为数很少的；但是，鲁迅的诗作和他的小说、杂文一样，不但在思想内容上富有战斗性，是鼓舞人们前进的号角，是激发人们奋进的边鼓，而且在艺术形式和写作的技巧上富有独创性，在中国的诗歌史上是独树一帜的，更是中国当代诗苑里一颗璀璨夺目的瑰宝。所以，鲁迅的诗，毛泽东非常爱读。一直到生命的最后几年，他老人家对鲁迅的诗作还常常爱不释手，暇不释卷。

翻开毛泽东阅读批画过的鲁迅著作，我们看到，收在 1938 年 8 月我国第一次出版的《鲁迅全集》第七卷中的鲁迅的新诗、旧体诗，

① 《毛泽东文集》第七卷，人民出版社 1999 年版，第 263 页。
② 《毛泽东文集》第七卷，人民出版社 1999 年版，第 277 页。
③ 《毛泽东文集》第七卷，人民出版社 1999 年版，第 278 页。

毛泽东都曾潜心阅读过。1959年1月，人民文学出版社出版的鲁迅著作单行本《集外集》、《集外集拾遗》中的诗作，不少诗的题目旁，毛泽东都用黑铅笔画了圈。1959年3月，文物出版社为适应年老同志的读书需要，专门刻印了一册大字线装本的《鲁迅诗集》。本集共收诗47题54首。这本诗集，因为是线装本，而且字刻印得也比较大，所以毛泽东很是喜爱。本集中所收的54首诗，毛泽东从头至尾都读过。从批画的笔迹和留下的种种标记来看，有的诗篇毛泽东反复读过多遍，其中不少诗他能随口流利地背诵出来。这本诗集中有一首叫《湘灵歌》的诗，是1931年3月5日鲁迅写赠给日本友人松元三郎的。这首诗，毛泽东很喜欢，全诗他都用黑铅笔圈点过。湘灵是古代楚人神话里的湘水女神，舜帝的妃子，在湘水里溺死，成为湘夫人。鲁迅借用这个神话中的传说人物来表达自己对国民党反动派血腥屠杀共产党人和革命群众的强烈憎恨，以及对死难的烈士和人民群众的哀思。毛泽东在这首诗的末句"太平成象盈秋门"旁，粗粗地画了一道，并在天头上批注："从李长吉来"。李长吉就是唐代诗人李贺。李贺、李白、李商隐都是唐代著名诗人，这"三李"的诗，是毛泽东生前很爱读的，他们的许多诗作直到他老人家晚年还能随口吟诵。1965年7月21日，毛泽东在《给陈毅同志谈诗的一封信》中说："李贺诗很值得一读，不知你有兴趣否？"[①] 鲁迅诗句中的"秋门"，来源于李贺的《自昌谷到洛后门》这首诗，这首诗毛泽东是很熟悉的，诗中有"九月大野白，苍岑竦秋门"句，因此，毛泽东在读了鲁迅的这句诗后，随手写下了"从李长吉来"的批注。这一方面说明鲁迅的诗和我国古诗的渊源关系，另一方面也说明毛泽东对我国古典文学（包括古诗词）知识是很熟稔的。

说到毛泽东晚年爱读爱吟诵鲁迅的诗，有这样一件非常感人的趣事我还一直记忆犹新。1975年春天的一天，为给毛泽东会诊眼病，

---

① 《毛泽东诗词选》，人民文学出版社1986年版，第169页。

经中央有关领导同志同意，特意请来了当时北京地区一些著名的眼科专家，有西医，也有中医。大夫们来到中南海游泳池住地后，毛泽东高兴地和他们一一握手，并感谢大家来为他会诊。广安门医院来的眼科大夫唐由之长得比较年轻，身材也比较高大，初见毛泽东显得很紧张。毛泽东似乎看出了这位年轻大夫的心理，与他握手时笑着问道："你叫什么名字？"唐大夫答道："唐由之。"毛泽东说："你这个名字起得好，你的父亲一定是位读书人，他可能读过鲁迅先生的诗，为你起了这个'由之'的名字。"说着，毛泽东很有兴趣地吟诵起鲁迅悼杨铨的诗："岂有豪情似旧时，花开花落两由之。何期泪洒江南雨，又为斯民哭健儿。"这首诗是 1933 年 6 月 20 日鲁迅为哀悼杨铨被国民党蓝衣社暗杀而作。杨铨，即杨杏佛，1927 年与鲁迅同时加入中国济难会后相识。1932 年夏，杨铨在中央研究院任秘书时，请鲁迅加入中国民权保障同盟，同年秋季，又同任该同盟执行委员。毛泽东此时虽深受眼疾困扰可是他还能一字不漏地、极富感情地背出了鲁迅的这首诗，唐大夫和在场的各位专家都为之惊叹，从内心里对他老人家更加钦佩。不过，唐大夫以前不了解鲁迅先生的这首诗，再加上毛泽东那浓重的湖南口音，所以全诗唐大夫并没有完全听清楚。在唐大夫的要求下，毛泽东亲笔将这首诗写了下来赠送给唐大夫。毛泽东幽默风趣的谈话，改变了唐大夫当时的紧张心情，毛泽东书赠的鲁迅的诗，成了唐由之大夫永久的纪念。

在毛泽东身边工作的同志都知道，毛泽东还很爱书写鲁迅的诗。他晚年有一段时间，每次练习书法，差不多都要书写鲁迅的诗句。他为什么这样爱好书写鲁迅的诗呢？一次，他老人家曾这样说过：书写鲁迅的诗，既可以进一步理解诗的内容，又可以进一步了解鲁迅。平时有友人请他题字、题词时，他也常常书录鲁迅的诗句赠之。鲁迅《自嘲》诗中的两句："横眉冷对千夫指，俯首甘为孺子牛"，他最爱书写。1945 年 10 月在延安时，他就书录过鲁迅的这一著名诗句。这份墨迹已被收录《毛泽东题词墨迹选》一书（人民美术出版社、档

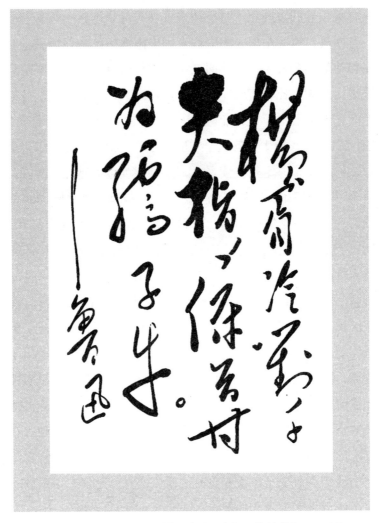

毛泽东手书鲁迅诗句："横眉冷对千夫指，俯首甘为孺子牛"

案出版社 1984 年版）。1958 年，在湖北武昌召开党的八届六中全会期间，著名粤剧演员红线女同志随团应邀为全会演出。演出结束后，在毛泽东等领导同志登台接见的时候，红线女同志请求毛泽东给她写几个字，毛泽东高兴地答应了。当晚，他就挥笔书写了："横眉冷对千夫指，俯首甘为孺子牛。"第二天，他即叫工作人员将此题词转送给了红线女同志。毛泽东在书写的鲁迅诗句前面还写下了一段类似小引的文字。这段文字是："1958 年，在武昌，红线女同志对我说：写几个字给我，我希望。我说：好吧。因写如右。"最后落款是："毛泽东，1958年12月1日"。毛泽东题写的鲁迅的诗句，表达了毛泽东对红线女同志和广大文艺工作者寄托的无限的期望，也是毛泽东对广大文艺工作者的根本要求。红线女同志收到毛泽东的题词后，无限感激，万分高兴。后来她还把毛泽东的这一珍贵的题词裱糊在她自己精心设计的册页上，作为她的座右铭。多年来，毛泽东的题词一直成为激励红线女同志奋进不已的无声动力，鼓励她在艺术上精益求精，全心全意地为祖国和人民服务。

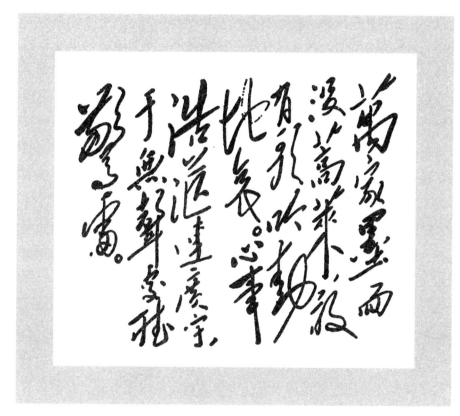

毛泽东手书鲁迅诗句："万家墨面没蒿莱，敢有歌吟动地哀。心事浩茫连广宇，于无声处听惊雷"

外国朋友来访时，毛泽东也常书写鲁迅的诗句相赠。1961年10月7日，毛泽东在中南海会见日本以黑田寿男为团长的日中友好协会祝贺国庆节代表团 10 名成员、以三岛一为团长的民间教育代表团 10 名成员等共 24 名日本朋友时，非常高兴地将鲁迅的无题诗"万家墨面没蒿莱，敢有歌吟动地哀。心事浩茫连广宇，于无声处听惊雷"书赠给日本朋友。据《鲁迅日记》记载，本诗作于 1934 年 5 月 30 日，随属"戌年初夏偶作以应新居先生雅教"，但含义深刻，诗情激涌，是感于时事而发为歌吟的。据有关人员回忆，毛泽东当时在向日本友人送交这份书作时还对日本朋友们说："中国过去处于黑暗的时代时，中国伟大的革命战士、文学战线的领导人鲁迅先生写了这样一首诗。诗的意思是说在黑暗的统治下看见了光明。大家这次来到中国，我们表示感谢。我也没有什么好赠送的，就写下了鲁迅先生的诗，把它赠送给大家。诗由四句话组成。"① 毛泽东怕日本朋友看不懂鲁迅的这首诗，还特意让郭沫若帮助翻译一下。郭沫若在《翻译鲁迅的诗》中写道："鲁迅这首诗，是在去世前不久，写赠给一位日本的社会评论家新居格的。新居访问中国在上海拜访了鲁迅，鲁迅写了这首诗赠他。其用意是：当时的中国在三座大山的压迫之下，民不聊生，在苦难中正在酝酿着解放运动；希望来访的客人不要以为'无声的中国'真正没有声音。"② 毛泽东那奔放流畅、刚劲潇洒的书作，既充分表达了对日本朋友的笃厚情谊，也真挚地表达了对诗作者鲁迅的思念和敬仰之情。

15 年后，日中友好协会（正统）中央总部会长黑田寿男在与中国记者谈到毛泽东书赠给他们的鲁迅先生的这首诗时，还深情地说："鲁迅这首诗给我们以希望和光明。每当我们读这首诗时，都受到鼓舞。我们要看到今天在日本人民当中蕴藏着的巨大力量，我们总有一天可以听到惊雷的轰鸣。"日中文化交流协会事务局局长白土吾夫也说："四十多年前，鲁迅写那首诗给日本友人，十五年前毛泽

---

① 《举世悼念毛泽东主席》，人民出版社 1978 年版，第 442—443 页。

② 郭沫若：《翻译鲁迅的诗》，《人民日报》1961 年 11 月 10 日。

东又书赠鲁迅的诗给日本朋友们。这些，在今天都有伟大的现实意义，也有深远的历史意义。""我们日本人民要团结起来，走同中国友好的道路，继续前进。尽管在斗争的道路上有曲折，但我确信，一定会取得最后胜利。"① 鲁迅、毛泽东都已离开了我们，然而他们诗书合璧的佳作却成了中日文化交流和中日两国人民友好史上的丰碑。

直到生命的最后几年，毛泽东还常常书写鲁迅的诗句。1975年4月，他老人家已经重病在身，一天他还用颤抖的手亲笔写下了鲁迅的《无题》诗："血沃中原肥劲草，寒凝大地发春华。英雄多故谋夫病，泪洒崇陵噪暮鸦。"鲁迅这首诗是1932年1月23日为题赠日本友人高良富子夫人而写的。全诗是通过烘托、象征的手法，运用句中对比、章中对比的二位一体的独特诗格，把歌颂、揭露和讽刺巧妙地缀合在一起，高度概括，而且又富于哲理，充满着辩证唯物主义思想。此时，毛泽东虽然已经年过八旬，两只眼睛都患有程度不同的老年性白内障，而且还身患其他多种老年性疾病。就在这样的情况下，他老人家还书写鲁迅的诗作，由此可见，毛泽东是多么地爱读爱书写鲁迅的诗了。

在几十年的革命生涯中，毛泽东曾书写过很多鲁迅的诗作，可惜，许多都没有保存下来。保存下来的"血沃中原肥劲草，寒凝大地发春华。英雄多故谋夫病，泪洒崇陵噪暮鸦"是毛泽东生前最后一次亲笔书录的鲁迅的诗。毛泽东写的这件鲁迅的诗迹，从写的笔迹来看，虽然已经没有当年的风度、失却了晋唐楷书和魏碑锤炼的功力，但字里行间凝结着他老人家对鲁迅和鲁迅诗作的深情厚意，闪烁着两位中华民族一代伟人的两颗紧紧相通而又频频跳动的赤忱之心。

① 新华社记者：《鲁迅的诗鼓舞着日本人民》，《人民日报》1976年10月20日。

本讲结语 ///

　　毛泽东一生爱读鲁迅的著作。毛泽东曾说过："我和鲁迅的心是相通的。"在半个多世纪的革命岁月里，毛泽东与鲁迅并没有见过面，也没有直接的书信往来，但在中国诸多的现代作家中，毛泽东最爱读的书就是鲁迅的著作。是什么把这两位中华民族一代伟人的两颗圣洁的革命之心紧紧地联系在一起的呢？从他们的著作、文章、讲话、谈话中可以看出，是彻底的革命精神和对中华民族铁肩担道义的使命感，使得他们在冥冥之中惺惺相惜。

第六讲 一部二十四史手不释卷读了 24 年

一、读二十四史的基本情况

在我国诸多的史籍中，毛泽东批注文字、圈画符号最多的是二十四史。

二十四史是乾隆皇帝钦定的二十四部纪传体史书的结集。这二十四种史书是：《史记》、《汉书》、《后汉书》、《三国志》、《晋书》、《宋书》、《南齐书》、《梁书》、《陈书》、《魏书》、《北齐书》、《周书》、《隋书》、《南史》、《北史》、《唐书（旧唐书）》、《新唐书》、《五代史（旧五代史）》、《新五代史》、《宋史》、《辽史》、《金史》、《元史》、《明史》。这部恢弘巨典系统记述了从中华始祖黄帝（公元前 26 世纪）

起始到清兵入关、明朝灭亡（1644 年），长达 4000 多年的历史。全书计 3250 余卷，800 多册，4720 万字。《史记》（即《太史公书》）是由司马迁于公元前 104 年间撰写成书，到清代张廷玉等于 1784 年撰著《明史》完成，历经 1888 年。其著期之长，涵盖之广、工程之巨，是历史上少见的。

从全书全部的文字内容来看，二十四史是以帝王纪传为主线，贯穿历史事件，辅以"表"、"志"等内容，比较系统地、全面地反映了中国历史的全貌。全书记载的人物，包括帝王、贵族、官吏、政治家、军事家、文学家、说客、谋士、游侠、商贾、医卜等等，非常之多；记载的社会生活，包括政治、军事、经济、法律、典章、外交、文学、科技、财税、天文、地理、风水及宗教、民族、民俗等等，非常之全。二十四史是学习中国历史，研究中国历史必读之书。它不仅具有极其重要的史学价值，而且具有极其重要的文学价值，是我国传统文化遗产中的瑰宝。

中南海毛泽东故居藏书中有一部清乾隆武英殿版的二十四史。这是一部大字木刻线装本，毛泽东生前特别喜爱，从 20 世纪 50 年代到 70 年代，无论在外出的火车上、飞机上，还是在住地的会客厅里、书房里、办公室里、卧室里，无论白天、黑夜，我们工作人员随时都可以看到他老人家凝神静气地读二十四史的身影。这部清乾隆武英殿版的二十四史是毛泽东晚年最爱读的、也是批注文字最多的古籍线装书之一。

毛泽东晚年读二十四史是非常感人的，是令人难忘的。进入 20 世纪 70 年代，特别是从 1971 年"九一三"林彪叛逃事件发生之后，毛泽东的体质愈来愈差，多种疾病接连不断。在病魔缠身的最后几年，他一直喜爱的散步、游泳等运动几乎也心有余而力不足了。他老人家真的是年老了，体弱了，病多了。两腿肿得不能站立，两脚肿得不能走路了，眼睛患老年性白内障看不清东西了，听力也下降了，说话也越来越让人难以听清了。可是他老人家还日日夜夜一册一册地看，一页一页地读，一笔一笔地圈画，一字一字地写批注。眼睛看不见了，就让身边工作人员读。手拿不动了，就让身边工作人员举着。白天读，夜里读，常常是通宵达旦地读。无论是白天，还是黑夜，他老人家是不关注的。吃饭、睡觉、工作、看书，天天如此。吃饭时他也常常要看书，他爱说吃饭用嘴巴，看书用眼睛。有时吃一顿饭，凉了热，热了凉，大师傅热来热去，服务人员端来端去，反复好几次，他老人家才能吃上一点。吃饭吃什么，每天吃几顿饭，他老人家都不重视。肚子饿了，想吃了，就吃一点。他老人家看起书来常常忘记吃饭。他常说：饭可以少吃，觉可以少睡，书可不能少读啊！他老人家看书，没有固定的时间，也不分什么时间，有空就看，想看就看。吃饭前看，会客前看，开会前看，睡觉前看，睡不着觉时也看。他睡眠不好，时常失眠，靠安眠药助睡。吃完药，入睡前，总是习惯看书。常常是看着看着睡着了，睡着睡着又醒了，醒来接着看。晚年，他老人家看书，也没有固定的地方，会议室里、办公桌旁、会客的沙发上、卧室的床上、游泳池旁、吃饭桌旁、浴室间、卫生间，到处都放着二十四史和其他多种书籍，随手翻开就看。

写到这里，我向大家介绍当年一段真实的故事。1957 年仲夏，著名的历史学家、老同事周谷城应毛泽东之邀，来到中南海露天游泳池和毛泽东一起游泳。上岸之后，毛泽东还没顾上换衣服，只披上一件他平时常穿的旧睡衣，就拿起线装本的《汉书》，和周谷城一起讨论起来。毛泽东翻到《列传》第三十九，指着赵充国主张在西北屯田的一段对周谷城说："这个人很能坚持真理，坚持正确的主张。他的主张，在开始时，赞成的人不过十分之一二，反对的人达十分之八九。但后来，逐渐被人接受了，赞成的人达十分之八九，反对的人却只有十分之一二。真理要人接受，总要有一个过程。无论在过去的历史上，或者是现在。"① 毛泽东常常是这样，用具体的历史事实来启发

---

① 周谷城：《回忆毛主席的教导》，《毛泽东同志八十五诞辰纪念文选》，人民出版社 1979 年版，第 187 页。

说服力强之效

之誅眛死陳愚唯陛下省察充國奏每上輒下公卿議

臣下當更有一議字〔宋祁曰議臣字〕初是充國計者什三中什五最後

什八有詔詰前言不便者皆頓首服丞相魏相曰臣愚

不習兵事利害後將軍數畫軍冊其言常是臣任其計

可必用也〔師古曰任保也〕上於是報充國曰皇帝問後將軍上

書言羌虜可勝之道今聽將軍將軍計善其上留屯田

及當罷者人馬數將軍強食慎兵事自愛上以破羌強

弩將軍數言當擊又用充國屯田處離散恐虜犯之於

是兩從其計詔兩將軍與中郎將卬出擊強弩出降四

千餘人破羌斬首二千級中郎將卬斬首降者亦二千

前漢書卷六十九　列傳三十九

毛泽东读《汉书·赵充国传》批注："说服力强之效"

教育人们。这册《汉书》，毛主席先后看过多次，他还用黑铅笔在本册封面上写了"赵充国"三个字。赵充国这一段共19页，他从头至尾都用黑铅笔圈画过，在相应文字天头上还写了批注文字："说服力强之效。"

二十四史，毛泽东24年读而不倦，学而不厌，全书全部文字他至少都读了一遍。他读得最多的是《史记》、《前汉书》、《后汉书》、《三国志》、《旧唐书》、《新唐书》、《晋书》、《旧五代史》、《明史》等。这些书中的许多重要篇章，许多人物本纪、人物传记，例如，《后汉书》卷一《光武帝纪》、卷七十五《袁安传》、卷一百〇一《皇甫嵩传》，《晋书》卷五十《郭象传》、《庚纯传》、卷五十五《潘尼传》、卷八十《王羲之传》，《宋书》卷五十一《宗室刘道怜传》、卷七十五《王僧达传》，《隋书》卷二《高祖本纪》，《南史》卷一《宋高祖本纪》、卷六《梁高祖本纪》、卷十六《王镇恶传》、卷十八《臧质传》、卷二十一《王弘传》、卷二十六《袁粲传》，《北史》卷九《周本纪》、卷十一《隋本纪》，《旧唐书》卷一本纪第一《高祖》、卷五本纪第五《高宗》、卷五十八《平阳公主传》、卷六十四《李元昌传》、卷六十九《盛彦师传》、《刘世让传》、《李君羡传》、卷七十四《马周传》、《崔仁师传》，《新唐书》卷七十八《李汉传》、卷八十《李恪传》、卷一百二十四《姚崇传》、卷一百二十六《韩休传》、卷一百四十五《窦参传》、《吴通玄传》、卷一百四十八《康承训传》、《田弘正传》，《旧五代史》卷一《梁书·太祖本纪》、卷三《梁书·太祖本纪》、卷二十七《唐书·庄宗本纪》、卷六十《唐书·李袭吉传》、卷八十九《晋书·桑维翰传》，等等；许多著名战役，如宋襄公的宋楚之战、楚汉成皋之战、曹袁官渡之战、孙刘曹赤壁之战、孙刘彝陵之战、晋秦淝水之战，以及城濮之战、井陉之战，等等；历史上著名的农民起义，例如陈胜、吴广、项羽、刘邦、张鲁、李密、窦建德、王仙芝、黄巢、朱元璋、张献忠、李自成，等等；许多皇帝、将相、大臣们的御批、高论、奏章，例如《史记·项羽本

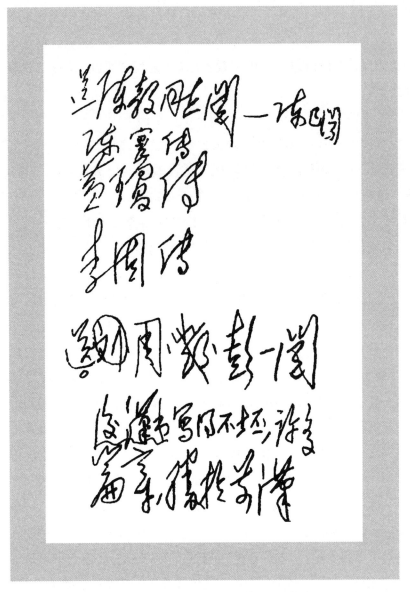

毛泽东在《后汉书》第 21 册封面上的批注

纪》中写到的在鸿门宴上不杀刘邦反而把刘邦放跑的故事，萧何曾经实行的"耕三余一"的办法；《史记·张仪列传》中记载的苏秦故意刺激张仪的故事；《史记·郦生陆贾列传》中记述的刘邦不见儒生，郦食其发火，刘邦向其道歉，并采纳了郦食其意见的故事；《汉书·赵充国传》中记述的赵充国关于屯田的疏奏故事;《后汉书·陈宠传》中记载的陈宠的故事,《后汉书·黄琼传》、《后汉书·李固传》中记述的李固写给黄琼的信;《三国志·郭嘉传》中的袁绍优柔寡断,不会用将的故事;等等。还有许多方面的内容和描写,毛泽东都反复读过二遍、三遍、四遍、五遍……翻开毛泽东生前读了 24 年的这部二十四史,我们可以清楚地看到,许多册的封面、封底和其他的一些地方都磨破了,纸张断裂了,有的分册装订的丝线也断了,还有许多册上留有毛泽东当年阅读时的种种痕迹。

　　1975 年,毛泽东已经 82 岁高龄,而且眼睛患老年性白内障,逐渐看不清东西了,医生建议他每天不看书或少看书。他对医生的话毫不在意,每天照样看书。实在不能看了,就让身边工作人员给他读书。为了满足他每天读书的需要,1975 年 5 月下旬,专门请来了北京大学中文系芦荻老师到中南海给他读书。那些时日,芦老师几乎每天都要给他读二十四史,读鲁迅著作,读其他多种他要读的著作。1975 年 8 月上旬,毛主席有一只眼睛做了白内障摘除手术。一个星期后,视力稍有好转,他老人家就自己读二十四史了,一边读,一边用颤抖的手提笔在《晋书》三个分册的封面上分别写了"一九七五,八",在五个分册的封面上分别写了"一九七五,八月再阅"、"一九七五,九月再阅"。

　　这些字虽然写得不很工整流畅,字迹笔画有些歪斜无力,但它是毛泽东晚年读二十四史最有力、最真实的标志。1975 年 8 月至 9 月,毛泽东已经重病在身,说话已说不清楚了,两腿不能自如走动了,每天几乎在床上或者半躺着,或者臂靠在床头上,静静地读着,静静地想着。

　　1976 年 5 月起,毛泽东的病情不断加重,身体越来越差。6 月初,他突患心肌梗塞,经及时挽救,脱离了危险。之后不久,毛泽东许多时间都处在昏迷半昏迷状态,靠鼻饲生活。据医疗组的护理记录,1976 年 9 月 8 日这一天,毛泽东看文件、看书 11 次之多,共计

2 小时 50 分钟。毛泽东读过多遍的这部二十四史中的《晋书》、《南史》等部分分册就一直放在他的身边，在他生命的最后时刻一直陪伴着他。

一部二十四史与毛泽东朝夕相伴 24 年。从 1952 年到 1976 年 9 月 9 日他老人家逝世止，24 年孜孜不倦，24 年手不释卷；写有批注文字的一共有 15 种史，198 条，3583 个字。批注文字，一条最少的是 2 个字，最多的一条写了 914 个字，大部分批注一条都是十来个字到三四十个字；这部史书的人物本志、帝纪、传记部分几乎都作了批注、圈画、圈点。

下面向读者简略地介绍毛泽东读《徐有功传》的一些情况。

在《旧唐书》作者刘昫和《新唐书》作者欧阳修的笔下，徐有功是很值得称颂的。毛泽东也是十分爱读《徐有功传》，翻开毛泽东读过的《旧唐书》、《新唐书》，我们可以清晰地看到，他在许多文字旁边画上了圈、三角、叉等标记。

在《新唐书》的封面上，有毛泽东用铅笔写的目录，《徐有功传》四个字下，毛泽东还画了曲线。他对这两部史书中记载的《徐有功传》，几乎是逐字逐句阅读的。对书中两处称赞徐有功"为政宽仁，不行杖罚"的文字旁都逐字画了旁圈，后者还在句末画了一个大圈套着一个小圈，天头上连画三个大圈套小圈。传记中有关徐有功秉公执法、不徇私情的许多事迹，毛泽东多有圈画、圈点。

徐有功是唐朝武则天称帝时的执法大臣。据《旧唐书》、《新唐书》记载，武则天称帝后，惧怕大臣不服和谋反，信用酷吏佞臣周兴、来俊臣等人，重赏鼓励告密者。一时冤狱遍起，人人震恐，莫敢正言。徐有功无所畏惧，"数犯颜争枉直，后厉语折抑，有功争益牢。"毛泽东在《新唐书》的这一段文字旁，逐字画上圈，句末画了大圈套小圈。

润州刺史窦孝谌妻庞氏，被诬陷判死。徐有功了解到庞氏无罪，为之申辩，而自己却被判庞氏死刑的人所弹劾，说他包庇罪人，应获死罪。有人哭着把这个消息告诉他，"有功曰：'岂吾独死，而诸人长不死耶？'安步去"。毛泽东在两篇传记文字旁逐字画了圈，每句末都画了小圈外套大圈，还在其中一篇传记的天头上画着三个大圈。

博州刺史琅琊王李冲谋反，颜余庆被诬陷为同党，来俊臣等先判颜流放，后又判颜死刑，并经武则天批准。徐有功据理为颜余庆辩护，说他是支党，不是魁首，罪不该死。他批评武则天："今以支为首，是以生入死。赦而复罪，不如勿赦；生而复杀，不如勿生。窃谓朝廷不当尔。"武则天大怒，问："何为魁首？"徐有功答："魁者，大帅；首者，元谋"。最后，武则天被他说服，"遂免死"。当徐有功和盛怒的武则天争辩时，"左右及卫仗在廷陛者数百人，皆缩项不敢息。而有功气定言祥，截然不桡"。毛泽东对这一段文字，每句后都画了两个圈，有的逐字圈画，天头上画着三个圈。

徐有功执法不徇私情。皇甫文备曾诬陷徐有功"纵逆党"，并将他逮捕入狱。后来，皇甫文备又被别人诬陷入了狱。徐有功为他往来奔走，澄清事实，营救其出狱。有人问徐有功：皇甫文备曾陷你于死地，为什么还要救他？徐有功回答说："尔所言者私忿；我所守者公法。不可以私害公。"毛泽东在这段文字旁逐字画了圈，句末画了两个圈。

《新唐书》中赞扬徐有功，说他"尝谓所亲曰：'大理，人命所系，不可阿旨诡辞，以求苟免。'故有功为狱，常持平守正，以执据冤罔。凡三座大辟，将死，泰然不忧；赦之，亦不喜。后以此重之。所全活者甚众，酷吏为少衰"。毛泽东在"凡三座大辟……后以此重之"这一段文字旁，逐字画了圈，天头上还画了三个大圈。

在读到《新唐书·徐有功传》"臣闻鹿走山林而命系庖厨者，势固自然。陛下以法官用臣，臣守正行法，必坐此死矣"（这段话的意思是说，生活在山林的鹿，很难逃脱被猎杀，成为人们厨房里俎头肉的命运。徐有功以鹿自喻，预见到自己必然为守法护法而死于非命的悲惨命运——引者注）这段话时，毛泽东在每个字旁边都画了个三角

丐知古等賜以再生可乎俊臣張知默固請如法后不
許俊臣獨引行本更驗前罪有功奏曰俊臣違陛下再
生之賜不可以示信於是悉免死道州刺史李仁褒兄
弟爲人誣構有功爭不能得秋官侍郎周興劾之曰漢
法附下罔上者斬面欺者亦斬在古析言破律者殺有
功故出反囚罪當誅請按之后不許猶坐免官俄起爲
左肅政臺侍御史辭曰臣聞鹿走山林而命繫庖廚者
勢固自然陛下以法官用臣臣守正行法必坐此死矣
后固授之天下聞有功復進洒然相賀時有詔公坐流
私坐徒以上會赦免踰百日不首者復論有功奏曰陛

毛泽东读《新唐书·徐有功传》批注："命系庖厨，何足惜哉，此言不当"

下寬殊死罪、已發者原之、是通改過之心自新之路。故
律告赦前事、以其罪坐之。若無告言、所犯終不自發。如
告言赦前事、則與律乖。今赦前之罪不自言者還以法。
論恩雖布天下、而一罪不能貸、臣竊爲陛下不取。後更
詔五品以上議、可。又上疏曰：天下員有定、比選者日多、
選曹誘囑公行、囂謗滿路。唐季人多逆節、鞫訊結斷刑
慘。獄嚴、革命歲久、其流弗改、事表生情、法外構理而刻
吏驅扇成姦。雖朝堂進表、列匭內牒叩闔弗聽、叩鼓
薄吏驅扇申其冤、正增其柱。誠令天官銓注有所不平、法
司推斷、舞法深詆。三司理匭受所上章擁塞不白者皆

唐書卷一百三列傳三十八　八一

毛泽东读《新唐书·徐有功传》批注："岳飞、文天祥、曾静、戴名世、瞿秋白、方志敏、邓演达、杨虎城、闻一多诸辈，以身殉志，不亦伟乎！"

标记，并在这段文字的天头上用黑铅笔写了一条长长的批注："命系庖厨，何足惜哉，此言不当。岳飞、文天祥、曾静、戴名世、瞿秋白、方志敏、邓演达、杨虎城、闻一多诸辈，以身殉志，不亦伟乎！"毛泽东在这条批注中提到的人物有：岳飞，南宋时抗金民族英雄，为主和派秦桧诬陷杀害；文天祥，南宋时的文学家、政治家，在抗元战争中，为叛徒引兵击败，被俘，坚贞不屈，惨遭杀害；曾静，清研究程朱理学的学者，因策动反清被杀害；戴名世，清史学家，因著有《南山集》、《孑遗录》陷于文字狱，被杀；瞿秋白，中国共产党早期领导人，被国民党杀害；方志敏，赣东北革命根据地和中国工农红军第十军创始人之一，被国民党杀害；邓演达，国民党左派，被蒋介石秘密处死；杨虎城，西北军领导人之一和西安事变主要发动人之一，解放前夕，被国民党秘密杀害；闻一多，著名诗人、教授，抗日战争胜利后，1946年因反对国民党发动内战，支持进步学生运动，被国民党特务杀害。

毛泽东的这条批注中提到的这些历史人物跨越时空两千多年，从唐朝的徐有功联想到封建社会里的民族英雄、杰出的政治家、著名学者；民主革命时期的爱国将领、诗人、教授；新民主主义革命时期的无产阶级革命家等。在毛泽东看来，他们都是为正义、为真理、为信仰而死，为人民的利益而死，他们死得其所，永垂不朽！

我们看到：二十四史中的人物本志、帝纪、传记部分是他阅读的重点。读得多、批注得多、批画得多。许多人物传记至少读过五遍以上，例如：《南史·韦睿传》、《新唐书·徐有功传》、《新唐书·马周传》、《后汉书·光武帝纪》等等，这些传记、帝纪部分，毛泽东不知反复读过多少遍。

二十四史是史书，这是无疑的。但是，毛泽东能从政治的视角去读，从政策和策略的视角去读，从战略和战术的视角去读，从外交的视角去读，从组织工作选人用人的视角去读，从生产生活的视角去读，从民族统一和民族团结的视角去读，等等。因为毛泽东读二十四

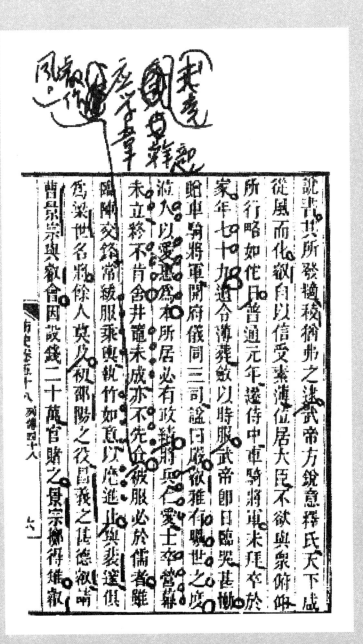

毛泽东在《南史·韦睿传》上批注："我党干部应学韦睿作风"

史的视角多，所以，他常读常新，越读越有兴趣，越读越爱读；他还常常把两种或两种以上的书放在一起对照着读，对比着读。例如：《前汉书》和《后汉书》，他对比着读了之后，他认为"《后汉书》写得不坏，许多篇章，胜于《前汉书》"。① 读了《旧唐书》和《新唐书》，他认为《旧唐书》比《新唐书》好。他从对同一个历史人物、同一个历史事件的不同描写中考察历史的真相，考察哪种史书写得更真实些。他把《南史》和《北史》对照着看，对比着读。读后他认为，《南史》和《北史》的作者李延寿，就是倾向统一的，他的父亲李大师也是搞历史的，也是这种观点。这父子俩的观点，在李延寿写的《序传》中说得十分明白。

二、为什么 24 年手不释卷读二十四史？

这是大家也很关注的一个问题。我认为至少有以下三个方面的重要原因。

第一，为了了解中国历史，了解中国几千年的文明史，了解中国"古今学说制度的大要"。从毛泽东在青年时代没有出国留学的思想渊源来看，当年他的同代人中有不少人出国求学了，他的同学中也有劝毛泽东出国磨砺的，如新民学会会友罗学瓒在给毛泽东的信中说："惟弟甚愿兄求大成就，即此刻宜出洋求学。若少迟延，时光既过，人事日多，恐难有多时日求学矣。……润之兄啊！你是一个有志的人，是我们同伴中所钦佩的人，你如何带一个头，学他十年八载。异日回国，……各抒所学以问世，发为言论作社会之唤醒提倡者。"其言辞之恳切，期望之宏大，真是感人。但毛泽东最终还是留了下来，留在了国内。他为什么要留下来呢？当时，他认为留在国内探索有以下三条好处：

---

① 《毛泽东著作专题摘编》（下），中央文献出版社 2003 年版，第 2393 页。

其一，"看译本较原本快迅得多"，利于在"较短的时间求到较多的知识"。

其二，"世界文明分东西两流，东方文明在世界文明内，要占个半壁的地位。然东方文明可以说就是中国文明，有人似应先研究吾国古今学说制度的大要，再到西洋留学才有可资比较的东西。"

其三，"吾人如果要在现今的世界稍微尽一点力，当然脱不开'中国'这个地盘。关于这地盘内的情形，似不可不加以实地的调查，及研究。这层功夫，如果留在出洋回来的时候做，因人事及生活的关系，恐怕有些困难。不如在现在做了。"①

在另一处，毛泽东还说过："我觉得关于自己的国家，我所知道的还太少，假使我把时间花费在本国，则对本国更为有利。"②

毛泽东没有走出国门，壮游世界。相反，当许多人都在国外住洋房，吃面包时，他却走向了中国的穷乡僻壤，走向了社会的最底层，住茅屋，吃南瓜。通过调查了解中国社会问题和劳动人民的生活状况，从读"无字之书"中获得了丰富的中华民族的社会历史知识。

毛泽东青年时期的这些想法、看法、做法，特别是他的"似应先研究吾国古今学说制度的大要"的主张，这与他后来下功夫读二十四史是密切联系的。前者是因，后者是果。毛泽东晚年还那样不分昼夜地读二十四史，最主要地还是为了更好地、更深入地了解中国"古今学说制度的大要"，就是为了对自己的国家知道得更多一些。二十四史就是了解我国"古今学说制度的大要"的最好的、最完整的知识宝典。

要全面地了解中国几千年的历史，不可不读二十四史。正如1975年毛泽东与芦荻老师关于读二十四史的谈话时所说的："一部二十四史大半是假的，所谓实录之类也大半是假的。但是，如果因为大

①　《毛泽东早期文稿》，中央文献出版社1990年版，第474页。

②　《新民学会资料》，第402页。

半是假的就不读了，那就是形而上学。不读，靠什么来了解历史呢？反过来，一切信以为真，书上的每句话，都被当作证实的信条，那就是历史唯心论了。正确的态度是用马克思主义的立场、观点和方法，分析他、批判他。把颠倒的历史颠倒过来。"①

这就清楚地说明，毛泽东下苦功读二十四史，就是为了了解中国历史，了解中国几千年的文明史，了解中国"古今学说制度的大要"。

第二，是为了借鉴历史，为了从历史中寻求、汲取治理国家的智慧、方略、启示、经验、教训，让其更好地为现实工作和社会主义建设事业服务。学习研究中国历史、包括学习研究二十四史，了解把握"古今学说制度的大要"，最重要的目的是要为今天的实际工作和社会主义建设事业服务。鉴往知来，是为了治国安邦。学习了解中国几千年的文化遗产，有批判地继承和发展我们民族的文化遗产的精华，汲取对今天、明天、政治、经济、科学、文化等建设和发展有益的东西，让其更好地为现实斗争和社会主义建设事业服务，这是毛泽东酷爱历史，孜孜不倦地学习研究二十四史一贯的主张。

1938 年 10 月 14 日，毛泽东在第六届中央委员会扩大第六次全体会议上强调指出："学习我们的历史遗产，用马克思主义的方法给以批判的总结，是我们学习的另一任务。我们这个民族有数千年的历史，有它的特点，有它的许多珍贵品。对于这些，我们还是小学生。今天的中国是历史的中国的一个发展；我们是马克思主义的历史主义者，我们不应当割断历史。从孔夫子到孙中山，我们应当给以总结，承继这一份珍贵的遗产。"②

1960 年 12 月 24 日，毛泽东在会见古巴妇女代表团和厄瓜多尔文化代表团时的谈话中对中国文化遗产的科学态度又一次作了很好的阐明。他说："对中国的文化遗产，应当充分地利用，批判地利用。中

---

① 芦荻：《毛泽东读二十四史》，《光明日报》1993 年 12 月 20 日。
② 《毛泽东选集》第二卷，人民出版社 1991 年版，第 553—554 页。

国几千年的文化，主要是封建时代的文化，但并不全是封建主义的东西，有人民的东西，有反封建的东西。要把封建主义的东西和非封建主义的东西区别开来。封建主义的东西也不全是坏的。我们要注意区别封建主义发生、发展和灭亡不同时期的东西。当封建主义还处在发生和发展的时候，它有很多东西还是不错的。反封建主义的文化也不是全部可以无批判地利用的。封建时代的民间作品，也多少都还带有封建统治阶级的影响。"

"我们应当善于进行分析，应当批判地利用封建主义的文化，而不能不批判地加以利用。反封建主义的文化当然要比封建主义的好，但也要有批判、有区别地加以利用。我所了解的是这样，我们现在的方针是这样。至于充分利用文化遗产，我们现在还没有做到。中国古典著作多得很，现在是分门别类地在整理，用现代科学观点逐步整理出来，重新出版。"①

"对中国的文化遗产，应当充分地利用，批判地利用。"这样的主旨是毛泽东晚年读二十四史的内在主要动因。他老人家晚年不仅下了很大功夫读二十四史，而且还下了很多功夫读《资治通鉴》、《续资治通鉴》、《纲鉴易知录》、《通鉴纪事本末》、《续通鉴纪事本末》等多种史书。因此，彭德怀说："在党内真正懂得中国历史的还只有毛主席一人。"② 张闻天说："毛主席从中国历史中学了很多东西。"③ 周恩来说：毛泽东"读古书使他的知识更广更博，更增加了他的伟大"。④

第三，是因为二十四史自身特有的史学价值和蕴涵的丰富思想文化价值深深地吸引。二十四史这部巨著是人类社会罕有的智慧宝藏，是取之不尽、用之不竭的中国文明、中国文化之百科全书。既有史学价值，又有文学价值，是历代政治家、军事家、思想家鉴往知来、治

①　《毛泽东文集》第八卷，人民出版社 1999 年版，第 225 页。
②　《彭德怀自述》，人民出版社 1981 年版，第 268 页。
③　转引自《彭德怀自述》，人民出版社 1981 年版，第 268 页。
④　《周恩来选集》上卷，人民出版社 1980 年版，第 333 页。

国安邦、修身齐家、为人处世、福祉民众的镜鉴宝典。

二十四史记载五千年中华文明史，蕴涵着十分丰富的治国理政的历史经验和中华民族宝贵的思想文化遗产，是迄今为止系统反映中国历史全貌、记载历史人物最多、社会生活最全的一部最为珍贵、无可替代的中国历史典籍。毛泽东爱读二十四史，这也是其中的一个非常重要的原因。

记载五千年中华文明的二十四史，毛泽东连续 24 年废寝忘食地读，孜孜不倦地读，反反复复地读。他之所以能做到这样，笔者认为，除了上述三个方面的原因之外，从主观和客观的原因来看，还有两个方面的原因：一方面是他老人家主观上有渴求知识的欲望、有崇高的理想、有伟大的抱负，思想上高度重视对历史的学习和对历史经验的总结与运用；另一方面就是二十四史这部史籍蕴涵着十分丰富的治国理政的历史经验和宝贵的思想文化遗产，包含着许多涉及对国家、社会、民族及个人的成与败、兴与衰、安与危、正与邪、荣与辱、义与利、廉与贪等等客观方面的经验与教训。二十四史这部巨著本身记载的我国长达四千多年的社会历史的丰富内容，是学习中国历史、研究中国历史，学习中国文明、研究中国文明，学习中国文化、研究中国文化的必读之书。它是我国传统文化遗产中的瑰宝。

本讲结语

毛泽东读二十四史 24 年手不释卷。毛泽东爱读二十四史，一方面是他主观上有渴求知识的欲望、有崇高的理想、有伟大的抱负，思想上高度重视对历史的学习和对历史经验的总结与运用；另一方面就是二十四史这部史籍蕴涵着十分丰富的治国理政的历史经验和宝贵的思想文化遗产，是取之不尽、用之不竭的中国文明、中国文化之百科全书。所以，毛泽东 24 年与之相伴，与之相随，爱不释手，不知疲倦地阅读、批注和圈画。

第七讲　报刊资料天天读

　　读报刊资料，是毛泽东读书生活中每天不能缺少的。在延安时，毛泽东曾讲过，要是一天不看报就是缺点，三天不看报就是错误了。1958 年 9 月 19 日，视察安徽芜湖时他还说过："读书看报，每天都不能少！"

　　为什么每天要看报刊资料？毛泽东说，战争年代，情况从哪里来？除了靠打入敌人内部和深入实际调查之外，就是靠看报刊资料。通过读报纸、刊物了解国内大事，也可以了解一些国外大事，从中发现敌对势力之间的矛盾，了解敌对势力内部的情况，从而更好地分析、判断敌对势力的动向、意图及其将要采取的政策、行动。

毛泽东所以重视报刊资料，关注报刊资料，就是"为着了解敌人的情况，须从敌人方面的政治、军事、财政和社会舆论等方面搜集材料"，就是为了"知己知彼，百战不殆"。对于这一点，曾跟随毛泽东工作过多年的原中组部副部长曾志同志在回忆文章中是这样写的："毛主席特别重视报纸，看报非常仔细，连报纸中间的小广告和寻人启事都不放过。我们每到一个有邮政的镇子，第一大任务是去邮局找报纸杂志。……通过报纸了解国内大事，也可以了解一些国外大事，从中发现军阀之间的矛盾，了解军阀混战的情形，分析敌军的行动方向等。毛主席常常把报纸看作军队行动的指南。"①

一、在延安通过阅读报纸发现田家英这个人才

说到毛泽东在延安时期阅读报纸杂志的事，笔者在这里特向大家介绍一则毛泽东通过读报纸发现田家英这个人才的小故事。

田家英是一个很有文才的青年。这个青年人才是毛泽东读报时发现的。

1942年1月8日，田家英在延安《解放日报》上发表了《从侯方域说起》的一篇文章。毛泽东读后，颇为赞赏。文章虽只有千余字，但可以看出作者是有一定的文史功底的。

侯方域，字朝宗，是明末的"四公子"之一，入清后参加河南乡试，中副榜，曾向清总督出谋献策。田家英对这个"生长在离乱年间的书生"作了犀利的解剖，他写道："两年前读过《侯方域文集》，留下的印象是：太悲凉了。至今未忘的句子'烟雨南陵独回首，愁绝烽火搔上毛'，清晰地刻画出书生遭变，恣睢辛苦，那种愤懑抑郁，对故国哀思的心情。""一个人，身经巨变，感慨自然会多

---

① 曾志：《谈谈我知道的毛主席》，《缅怀毛泽东》上，中央文献出版社1993年版，第404页。

的，不过也要这人还有血性、热情、不作'摇身一变'才行，不然，便会三翻四覆，前后矛盾。比如侯方域吧，'烟雨南陵独回首'，真有点'侧身回顾不忘故国者能有几人'的口气。然而曾几何时，这位复社台柱，前明公子，已经出来应大清的顺天乡试，投身新朝廷了。这里自然我们不能苛责他的，'普天之下'此时已是'莫非'大清的'王土'，这种人也就不能指为汉奸。况且过去束奴的奴才已经成为奴隶，向上爬去原系此辈常性，也就不免会企望龙门一跳，跃为新主子的奴才。'后之观今，亦犹今之视昔。'近几年来我们不是看得很多：写过斗争，颂过光明，而现也正在领饷做事，倒置是非的作家们的嘴脸。……"

　　文笔如此深沉老辣，而作者当时只有20岁！当毛泽东听说作者田家英的大概情况后，特地约他到住地谈了一次话。鼓励他给"大后方"因看不见国家前途消极悲观、空虚颓废的人，抽一鞭子。毛泽东的话深深地印在田家英的记忆里。此后，毛泽东就一直注意这个"少壮派"。当毛岸英从苏联学习回到延安后，需要为他请一位老师时，毛泽东立刻想到了田家英。田家英精心辅导岸英，师生如同兄弟，两人几乎形影不离。

　　当时，正处于历史性胜利的前夜，毛泽东的工作非常忙，需要增加一位秘书。田家英经过毛泽东"面试"，当场为毛泽东草拟一份电文，结果获得毛泽东的首肯。于是调为秘书。担任秘书以后，田家英先后为毛泽东和米高扬会谈担任过记录。进城后，为毛泽东处理群众来信，建议各级领导机关应指定专人或成立专门机构认真处理人民来信来访，加强了党同人民群众的联系。最让毛泽东赞许的事是让田家英代他起草党的八大开幕词。时间不长，田家英就草拟出来了。"虚心使人进步，骄傲使人落后"这句名言，就出自田家英写的这篇开幕词中。八大大会上，毛泽东致词后来到休息室，当他听到许多人称赞开幕词写得好时，毛泽东十分高兴地对大家说："开幕词是谁写的？是个年轻的秀才写的，此人是田家英。"

田家英这位人才，就是毛泽东在延安浏览报纸，从报纸上发现的。

二、每天必读的一报一刊

毛泽东每天必读的一报一刊是新华社有关部门编辑、出版的《参考消息》和《参考资料》，尤其是《参考资料》，他晚年每天读得更多。

毛泽东把读《参考资料》作为了解国际情况和国际动态、学习国际知识的主要来源。他看《参考资料》，除了看重要新闻，对刊登的西方资产阶级政治活动家的回忆录也饶有兴味。他说，这些回忆录里写了许多过去我们不知道的帝国主义国家内部的矛盾和斗争的情况，很值得看看。毛泽东从《参考消息》、《参考资料》、《内部参

毛泽东 1953 年 1 月 16 日对新华社《内部参考》的意见："我认为此种内部参考材料甚为有益。凡重要者，应发到有关部门和有关地方的负责同志，引起他们注意。各大区和各省市最好都有此种《内部参考》，收集和刊印本区本省本市的内部参考材料。"

考》上得到的国外的情况，学习掌握的国际知识，常常使得一些著名的外国记者为之惊讶。1960年斯特朗在回忆她1946年同毛泽东谈话时说："他首先问我美国的情况。美国发生的事有许多他知道得比我还详细。这使我惊讶，……他像安排打仗的战略那样仔细地安排知识的占有。……主席对世界大事的知识是十分完备的。"毛泽东虽然出国不多，也没有去过美国、英国、法国等国家，但是，他对于纷纭复杂的国际形势、发展趋势的判断，对国际关系的分析和把握都是很准确的。这同他经年累月、一天也不间断地阅读和研究大量国际问题的资料和新闻是分不开的。

　　毛泽东还一直把《参考资料》作为他增加知识的重要"教材"和做重大决策的重要"依据"。1959年9月15日，毛泽东在民主党派负责人座谈会上的讲话中，在谈到当时中央为解决台湾海峡关系问题所作出的重大决策时强调指出："每天全世界的一切舆论，一切消息，你都要看完，每天两大本（指新华社编的内部资料《参考资料》——引者注），你才了解情况，才知道方向，不然怎么决策？"①1962年11月19日下午，毛泽东从当天的《参考资料》（第5406期）上看到，印度总理和总统在18日的讲话中都说希望通过和平谈判解决中印边界冲突。他当即批示："突然大谈和平解决。送总理阅。请外交部研究一下，印度领导人过去几天，是否有过十八日这种论调。"他抓住这一契机，作出了一项没有先例的大胆决策：中国边防部队在自卫反击战取得胜利的情况下，主动实行全线停火，并主动后撤。② 这一重大决策，对当时中印边界局势的稳定起了重要的作用。对太平洋彼岸的美国方面的新动向，毛泽东也早已注意。1968年冬天，他饶有兴趣地读了有关美国总统竞选的材料，并对在中国的美籍专家柯弗兰写的文章（其中称共和党候选人理查德·尼克松将当选

---

① 《毛泽东传》第四册，中央文献出版社2011年版，第1843页。

② 参见《毛泽东传》第四册，中央文献出版社2011年版，第2229页。

本届美国总统）表示"欣赏"。他还仔细阅读了不久后当选第 37 届
美国总统的尼克松所写的《六大危机》，认为该书"写得不错"。
1969 年 1 月，根据毛泽东的意见，《人民日报》全文刊登了尼克松在
1 月 20 日发表的就职演说。1971 年他到外地巡视途中对各地负责人
谈话时说：我天天当学生，每天看两本《参考资料》，所以懂得点国
际知识。

毛泽东还特别关注《参考资料》编发的为中央提供的参考报道，
他要求正面的反面的、好的坏的都要反映。他很重视外界同我唱反调
的言论。

1969 年 5 月 17 日，毛泽东针对《参考资料》评价国外对我党九
大的反应时所用的报道标题，批示说："外国人，外国党评论九大，
编者不要随意加'妄评'字样，如实地向中央提供就可以了。"关于
记者写内参，毛主席说：中央给记者的任务就是如实反映情况。记者
反映情况就是执行自己的职责。中央怎样判断，这是中央的事。对调
查的态度，毛泽东指示：调查应本着实事求是原则，有则有，无则
无，多则多，少则少，力避主观夸大，但也不要故意缩小。这是毛泽
东对记者写内参的根本要求，即坚持实事求是这个根本原则。

三、"乒乓外交"与"小球转动大球"的历史往事

说到毛泽东重视读《参考消息》和《参考资料》的事，这里我
特向大家讲一个毛泽东利用"乒乓小球"转动"中美关系这个大球"
的故事。

时间是 1971 年年初。毛泽东除了自己每天都读《参考资料》
之外，有时还让身边的工作人员每天也读，读了之后给他讲。对于
这一点，毛泽东当时的护士长吴旭君写的回忆文章中有这样一段
记载：

我们看的《参考》分两种。一种是现在一般人都可以看到的小开张的我们叫一张纸《参考消息》；另外一种是《参考资料》，其内容比前者多，是供首长们看的，有上午版、下午版各一本，还有一本是国际共产主义运动，每天定时送来新出版的当天资料，这三本加起来可能有几十万字。从此，我便开始每天把《参考资料》当成教科书一样认真阅读，然后，每天找到适当的时间去向主席汇报，在交谈中，我发现他对国际上每个国家以及每个地区的问题了如指掌，非常熟悉，来龙去脉讲得头头是道。问他："主席，外交方面的事已经分工有人管了，你还这么操心干吗？"

　　主席说："我一直没有放松对国际问题的关注，当个主席哪能只顾国内不顾国外，要兼顾。以后，我要多抓抓国际外交上的大事，否则，时间就来不及了。你以后在这些方面也要多看些东西和我多交谈，我们就有共同语言了。"……

　　1971年3月21日，由毛主席决定派出的我国乒乓球代表团抵达日本名古屋，准备参加于28日开始的世界第31届乒乓球锦标赛。

　　代表团一离开北京，主席就对我说：

　　"你每天要把各通讯社对于我们派出去的代表团的反应逐条地对我讲。"

　　3月21日这一天，主席像着了魔似的躺在床上三四个小时睡不着。平时起床总有一套事要做，比如穿衣服、擦脸、漱口、吸烟、喝茶等等。这些天他觉得做这些事是多余的浪费时间，马马虎虎地做完就看文件。这天，他因为几个小时睡不着，决心不睡了。我来到他的卧室，刚打开台灯，他就说话了，只一个字"讲"。

　　"讲"是"开讲"的简单说法。所谓"开讲"就是让我向他报告《参考资料》中一些国际上的大事。我把我看过的参考的内容一一说给他听。他认真地听着，两眼看着我。我坐在他床旁对面的椅子上。我讲的这些只是前一天下午版的情况，当天的参考还没送来。因为当时还是早晨六点钟，人们还没上班呢。听完我的汇报，他不耐烦地说：

"告诉徐秘书，催催新华社的参考清样，一出来立即就送来，我等着看。"这时，他才心事重重地起床，穿上睡袍，擦脸、漱口……我禁不住好奇地问："主席，您怎么这么关心乒乓球代表团的反应？"

主席说："这件事事关重大，非同一般呀！这是在火力侦察，以后我要争取主动，选择有利时机。让人们看看中国人不是铁板一块。"

这次派出的乒乓球队是六年来第一次在世界上露面。

果然，中国队重返世界乒坛，立即引起了世界舆论的关注。……

世乒赛期间，主席说了，要我认真看参考，把全部情况及时向他汇报。那阵子我每天跟他谈参考和有关的情况反映材料，直谈得口干舌燥，嗓子疼。

有一次参考里有这么一段，我觉得挺有意思，就跟主席说了。这条消息的大意是说4月4日，美国队3号选手格伦·科恩去场馆练球，出来之后找不到车，结果上了中国队的汽车。科恩吃惊地看着一车中国人有些尴尬地说："我知道我的帽子、头发、衣服让人看了好笑。"科恩是个嬉皮士，留着长发。当时中国的乒乓球队队员庄则栋站起来说："我们中国人民和美国人民一直是友好的，今天你来我们车上，我们大家都很高兴。我代表同行的中国运动员欢迎你。为表达感情，我送给你一件礼物。"于是庄则栋把一尺多长的杭州织锦送给了科恩。科恩也非常高兴，想回赠什么，可发现什么也没带。

那时候中美关系十分僵，双方都处于敌对状态，庄则栋的举动可以说是相当勇敢的。

就这么一条花絮，主席听后眼睛一亮，立刻让我原原本本地把这条消息念了两遍。听完了，他脸上带着满意的笑容说："这个庄则栋不但球打得好，还会办外交。此人有点政治头脑。"

听了主席的话，我心里也挺高兴，心想，这条消息我算选对了。这件事看来办到了主席的心坎上了。①

就在第31届世界乒乓球国际锦标赛将要结束的时候，毛泽东又下决心邀请美国乒乓球队访华。邀请美国乒乓球队的消息一传到名古屋，立刻在全世界引起轰动。日本各大报纸都在头版显要位置登出有关报道，并加大评论。这件事产生的影响，在当时超过那一届乒乓球国际锦标赛的消息。消息很快传到美国白宫。美国总统尼克松后来回忆道："这个消息使我又惊又喜。我从未料到对华的主动行动会以乒乓球队访问的形式得到实现。我们立即批准接受了邀请。中方作出的响应是发给几名西方记者签证以采访球队。""4月14日，我宣布结束已存在20年的对我们两国间贸易的禁令。我还下令采取一系列新的步骤，放宽对中华人民共和国的货币和航运管制。同一天在北京，周恩来亲自欢迎了我们的乒乓球运动员。"

"乒乓外交"获得了"小球转动大球"的戏剧性效果。正如周恩来接见美国乒乓球队时所说：它打开了中美两国人民友好往来的大门。毛泽东的上述重大决策，与他每天阅读《参考资料》，详实、准确把握国际形势和美国动态等是分不开的。

① 吴旭君：《毛主席的心事》，《缅怀毛泽东》下，中央文献出版社1993年版，第633—640页。

四、把恢复中国在联合国合法席位这件事
　　一直放在心上

　　中国是联合国的创始会员国，也是安全理事会五个常任理事国之一。1949 年 10 月 1 日新中国成立当天，毛泽东就向全世界郑重宣告：中华人民共和国中央人民政府是代表全中国人民的唯一合法政府。然而，在以美国为首的西方势力操纵下，中国在联合国的合法席位却一直被台湾当局窃据。新中国成立二十多年来，中国政府始终不渝地坚持一个中国的原则，坚决反对"两个中国"、"一中一台"的论调。毛泽东曾在许多场合表示，台湾当局的"代表"继续留在安理会是完全非法的，应将它驱逐出联合国，同时恢复中华人民共和国在联合国的合法席位。他还曾在 1965 年预计：大多数国家可能会不顾美国的反对而赞成恢复中国在联合国的合法席位；如果联合国有 2/3 的国家邀请我们参加，我们不会不接受。

　　对于恢复中国在联合国合法席位这件事，毛泽东一直看得很重，一直放在心上。他曾对身边工作人员多次说过："联合国，我们总有一天可以进去。""世界不能始终让美、苏两国霸占下去，中国人在世界上说话也得算数。"林彪叛逃事件发生后，毛泽东认为在这方面已经没有多少问题需要他思考了，而把大部分时间用到研究国际形势和外交工作上。他广泛收集国际上对恢复中国在联合国合法席位的反映，认真阅读新华通讯社所编的每天两本的《参考资料》，或者要工作人员把有关消息读给他听，还要看大量文件、电报。那时，局势仍不明朗，不少人对联合国这次能否通过这项决议抱着怀疑的态度。毛泽东说："看问题不要只看表面现象，要看实质。"接近联大投票时，他说："我们就算有十亿人口，在联合国也只是一张票，一个小国也是一张票，我奉劝你不要看不起小国。"当得知联合国大会通过恢复

中国在联合国合法席位的决议时，毛泽东很高兴，说："主要是第三世界兄弟把我们抬进去的。"

在联合国大会通过恢复中华人民共和国合法席位的当天下午，毛泽东召集周恩来及外交部有关人员开会，决定立即组团出席联大。以乔冠华为团长，黄华为副团长的中国代表团很快组成。代表团离京前的 11 月 8 日晚，毛泽东接见代表团的成员。当周恩来带领大家来到中南海时，毛泽东站在书房门口同大家一一握手。谈话当中，毛泽东兴致很高，从世界大势一直谈到国内问题。他说：你们这次去联合国可以放心了，我的那个"亲密战友"不在了。我国今年有两大胜利，一个是林彪倒台，一个就是恢复联合国合法席位。[①] 第二天，代表团启程。按照毛泽东提出的送行规格"宜高一点"的意见，周恩来、叶剑英等前往机场送行。

几天后，中华人民共和国代表团首次出现在联合国裁军问题的大会上。会上，各国代表不顾原定议题，纷纷登台发表一篇篇热情洋溢的贺词，欢迎中国代表团的到来。每天阅读外电报道的毛泽东指示有关部门：要将联大会议上各国代表的发言全文刊登在国内报纸上，不要只登摘要。据我们所知，当时，毛泽东每天读《参考资料》所刊载的国际问题的多种材料的时间远远早于读国内公开出版的各种报刊的时间。《参考资料》每天必看，每期必看。本刊刊载的国际上发生的重大事件、重要新闻、西方各国政要的言论及传记、对重大事件的评论，等等，毛泽东都看得很细，许多地方都用粗红色、黑色铅笔点画，还有的写了批注。

毛泽东每天读《参考资料》的习惯一直保持终身。我们知道，最后两年多时间里，毛泽东的健康状况越来越差，"步履蹒跚，行动艰难，他那两腿和双脚浮肿得像发面馒头，没有人搀扶就走不了

① 参见外交部外交史研究室编：《新中国外交风云》（第三辑），世界知识出版社 1994 年版，第 99 页。

路",两眼看不清楚了,写文字也写得歪歪斜斜,有些字还写得重叠在一起,使人难以辨认。就是在这种状况下,他还每天坚持读书,坚持读《参考资料》。据笔者的记录,1974 年 9 月 7 日下午,主席要看从 8 月起的《国际动态》清样第 1—4 期,上面载有日本产经新闻的文章:"蒋介石秘录"。我们从主席存书中找出即送主席阅看。1974年 12 月 27 日,在与周恩来、王洪文的谈话中,当王洪文提到江青的任职问题时,毛泽东冷淡地回答:"她的工作是研究国际,读《参考》(指新华社编印的《参考资料》——引者注)两本,我也是啊。"① "两本,我也是啊",这短短几个字,说明直到 1974 年年底,毛泽东每天还在坚持读两本《参考资料》(上午一本,下午一本——引者注)。1975 年 2 月 8 日,毛泽东从江西南昌来到他的第二故乡杭州,在杭州汪庄住了两个多月。这段时间,毛泽东的身体状况是:除了双目白内障、说话含混不清外,两腿还时常疼痛,脚也肿得很厉害,行动更加不便。医生建议他每天尽可能少看书、看报、看资料。他老人家的身边放着各种图书,伸手就可以翻看,谁能阻止他看呢!各种文件(包括《参考资料》等资料),中央办公厅机要交通每天有专机送到杭州毛主席的住地。毛主席每天看过的、不用的或者要办理的文件材料等,交中办机要交通带回北京。毛主席这次在杭州住了两个多月。1975 年 4 月 14 日,毛主席回到北京。毛泽东的健康状况在回北京后越来越坏,吃药也没有多少效果。1975 年下半年以后,在床上躺着的时间多,不愿意起来。1976 年 9 月 7 日到 8 日下午,已在垂危中的毛泽东仍坚持要看文件、看书报资料,直到生命的最后时刻,他老人家还要看当时的日本首相三木武夫的材料。《参考资料》、《参考消息》与其他众多的图书一样,陪伴着毛泽东度过了人生最后的岁月。

---

① 《毛泽东传》第六册,中央文献出版社 2011 年版,第 2680 页。

　　毛泽东与书相伴，以书为友。他老人家常看的报刊资料有《人民日报》、《红旗》杂志、《光明日报》、《文汇报》、《解放军报》、《工人日报》、《中国青年报》及《哲学研究》、《历史研究》和《参考资料》、《参考消息》等数百种。中国新华社编印的反映西方各国政要的动态、言论、观点、文章、讲话、传记、生平等报道的《参考资料》、《动态清样》等内部资料，毛泽东生前是期期都看、本本都看、天天都看。正因为每天坚特这样做，毛泽东对西方国家的政情、社情、民情、动态、动向、发生的事件等都了如指掌。

第七讲　报刊资料天天读

第八讲 把读自然科学书籍与关注科学技术发展融贯一生

一、学习、钻研自然科学书籍垂老不倦

毛泽东对自然科学的学习和钻研，融贯他的一生。早在青少年时代，毛泽东就用心读过达尔文的《物种起源》、赫胥黎的《天演论》等自然科学著作。这些世界名著对毛泽东思想的发展有过重要影响。毛泽东晚年还多次提到过赫胥黎和达尔文。1970年他在一个批示中写道："《人类在自然界的位置》请找一本给我。《天演论》前半是唯物的，后半是唯心的。"[1]

---

[1] 龚育之等著：《毛泽东的读书生活》，中央文献出版社2003年版，第91页。

这两部书都是赫胥黎的著作。对达尔文及其著作，毛泽东也是十分钦佩的，在他的著作和谈话中，曾多次提到达尔文和进化论。在《关于正确处理人民内部矛盾的问题》一文中，毛泽东指出："历史上新的正确的东西，在开始的时候常常得不到多数人承认，只能在斗争中曲折地发展。正确的东西，好的东西，人们一开始常常不承认它们是香花，反而把它们看作是毒草。哥白尼关于太阳系的学说，达尔文的进化论，都曾经被看作是错误的东西，都曾经经历艰苦的斗争。"①

据有关史料记载，1974 年英国首相希思来中国访问时，送给毛泽东一张达尔文的照片，上面有达尔文的亲笔签名和达尔文自己写的一段话："这是我的确十分喜欢的一张照片，同我的其他照片比，我最喜欢这一张。"还有达尔文的《人类原始及类择》第一版，希思对毛泽东说：这些是达尔文的后人提供的。

毛泽东看了达尔文的照片后对希思说：达尔文，世界上很多人骂他。希思说：但我听说，主席很钦佩达尔文的著作。毛泽东点头说：我读过他的书。帮他辩护的，叫 Huxley（赫胥黎）。希思点头说：他是十分杰出的科学家。毛泽东说：他自称是达尔文的咬狗。②

自然科学知识浩如烟海，典籍繁多。作为一个立志改造世界、建设新中国的伟大领袖，毛泽东一生都在注意尽可能地挤出更多的时间阅读各种自然科学著作，或从各种书刊中了解一些世界自然科学的发展及其学术思想的大概。

新中国成立后，我国工农业生产经过恢复走向发展。20 世纪 50 年代和 60 年代期间，毛泽东亲自主持制定《国民经济发展的五年计划》、《全国农业发展纲要》、《十二年科学发展规划》等等。为了领导这些工作，毛泽东夜夜黄卷青灯，常常通宵达旦学习阅读农业、土壤、机械、物理、化学、水文、气象等自然科学方面的书籍。他不仅

---

① 《毛泽东文集》第七卷，人民出版社 1999 年版，第 229 页。
② 参见龚育之等著：《毛泽东的读书生活》，中央文献出版社 2003 年版，第 91—92 页。

自己这样做，而且要求全党的同志这样做。就读自然科学方面的书而言，毛泽东最喜欢的是生命科学、天文学、物理学、土壤学等。1951年4月中旬的一天，毛泽东邀请周世钊和蒋竹如到中南海做客，曾对他们说："我很想请两三年假学习自然科学，可惜，可能不容许我有这样长的假期。"①

1956年党中央专门召开知识分子问题会议，毛泽东到会讲话，号召全党努力学习科学知识，同党外知识分子团结一致，为迅速赶上世界科学先进水平而奋斗。②

在党的八大的第二次预备会议上，毛泽东进一步提出这样一个重要论点："中央委员会中应该有许多工程师，许多科学家。现在的中央委员会，我看还是一个政治中央委员会，还不是一个科学中央委员会。"③

1958年年初，毛泽东要求全党工作的重点转到技术革命和经济建设上来，他说："提出技术革命，就是要大家学技术，学科学。"他还说："过去我们有本领，会打仗，会搞土改，现在仅仅有这些本领就不够了，要学新本领，要真正懂得业务，懂得科学和技术，不然就不可能领导好。"④ 他是这样要求全党同志的，实际上也是这样做的。他见缝插针挤出时间认真阅读了许多关于农业、土壤、机械、物理、化学、水文、气象等自然科学方面的书籍。

1958年7月，毛泽东在中南海瀛台参观一机部的机床展览后，即要秘书给他寻找几本《无线电台是怎样工作的》、《1616型高速普通车床》等科技小册子。1958年9月，张治中陪同他一起外出视察工作。有一天，在行进的列车上，他正在聚精会神地看一本冶金工业的书。张治中诧异地问他：你也要钻研科技的书？毛泽东同志说：是

① 龚育之等著：《毛泽东的读书生活》，中央文献出版社2003年版，第4页。
② 参见《新华半月刊》1956年第4号。
③ 《毛泽东文集》第七卷，人民出版社1999年版，第102页。
④ 《毛泽东文集》第七卷，人民出版社1999年版，第350页。

第八讲　把读自然科学书籍与关注科学技术发展融贯一生

呀，人的知识面要宽些。从9月10日至21日，毛泽东同志视察长江流域的湖北、安徽、江苏、上海、浙江等省市，沿途参观工厂、矿山、学校、农村时，每天都要乘车六七个小时，途中十分辛苦，即使如此，他仍不知疲倦地学习多种农业、土壤、植物学的著作。1958年10月27日，一个阳光灿烂的下午，毛泽东兴致勃勃地来到北京西郊的中关村，参观各个研究所的成果展览会，对每一件展品都看得很仔细。看完展览足足用了两个半小时。

在一个全身布满黑点的人体模型前，当时的中国科学院副院长张劲夫介绍说："这是针灸穴位和皮肤电位分布的比较。试验证明，祖国医学上的经络学说还是值得重视的。"毛泽东边听边看说明，就祖国医学的科学性问题对大家说："这就有了科学了，不能再说没有科学喽!"在技术科学展览馆，他看到展出的重量轻、强度高、经济、便于安装的建筑材料后，高兴地指出："如果全国都是这样，那就太好了。"

参观后，毛泽东会见了各学部和各研究所的负责人和科学家，勉励大家要敢于走前人没走过的道路，破除迷信，解放思想，努力赶超世界先进水平。

1959年1月，苏联发射了一枚宇宙火箭。第二天，毛泽东就向有关人员索要了若干本关于火箭、人造卫星和宇宙飞船的通俗著作。

1960年11月，毛泽东看到《光明日报》哲学专刊上一篇题为《从设计"积木式机床"试论机床内部矛盾运动的规律》的文章，这是一篇提交全国第一次自然辩证法座谈会的论文，是结合当时"蚂蚁啃骨头"（小机床加工大工件）、"积木式机床"等技术革新成果写成的。读后，毛泽东大为赞赏，他请《红旗》杂志加以转载，并代《红旗》杂志编辑部给论文的作者写了一封信：

中国哈尔滨工业大学机械系机床及自动化专业

分总支委会同志们：

看了你们在 1960 年 11 月 25 日《光明日报》上发表的文章，非常高兴，我们已将此文在本杂志上转载。只恨文章太简略，六条结论使人读后有几条还不甚明了。你们是否可以再写一篇较长的文章，例如一万五千字到两万字，详细地解释这六条结论呢？对于车、铣、磨、刨、钻各类机床的特点，也希望分别加以分析。我们很喜欢读你们的这类文章。你们对机械运动的矛盾的论述，引起了我们很大的兴趣，我们还想懂得多一些，如果你们能满足我们的（也是一般人的）要求，则不胜感谢之至。①

信末原署"毛泽东 1960 年 11 月 28 日"，后来改署为"红旗杂志编辑部 1960 年 12 月 6 日"。从这里我们可以看到毛泽东对自然科学、技术科学的兴趣是多么浓厚。

1962 年，毛泽东在七千人大会上说过："拿我来说，经济建设工作中间的许多问题，还不懂得。工业、商业，我就不大懂。对于农业，我还懂一点。但是也只是比较地懂得，还是懂得不多。要较多地懂得农业，还要懂得土壤学、植物学、作物栽培学、农业化学、农业机械，等等；还要懂得农业内部的各个分业部门，例如粮、棉、油、麻、丝、茶、糖、菜、烟、果、药、杂等等；还有畜牧业，还有林业。我是相信苏联威廉斯土壤学的，在威廉斯的土壤学著作里，主张农、林、牧三结合。我认为必须要有这种三结合，否则对于农业不利。所有这些农业生产方面的问题，我劝同志们，在工作之暇，认真研究一下，我也还想研究一点。但是到现时止，在这些方面，我的知识很少。我注意得较多的是制度方面的问题，生产关系方面的问题。至于生产力方面，我的知识很少。"②

1963 年 12 月，聂荣臻等向毛泽东汇报新的十年科学技术规划的

① 《建国以来毛泽东文稿》第 9 册，中央文献出版社 1996 年版，第 378 页。
② 《毛泽东文集》第八卷，人民出版社 1999 年版，第 302—303 页。

时候，毛泽东说了两段极重要的话："科学技术这一仗，一定要打，而且必须打好。过去我们打的是上层建筑的仗，是建立人民政府、人民军队。建立这些上层建筑干什么呢？就是要搞生产。搞上层建筑、搞生产关系的目的就是解放生产力。现在生产关系是改变了，就要提高生产力。不搞科学技术，生产力无法提高。""科学研究有实用的，还有理论的。要加强理论研究，要有专人搞，不搞理论是不行的。"①

新中国成立以后，毛泽东对自然科学的学习和研究下了很多功夫的。曾担任过国家主席、中央办公厅主任的杨尚昆回忆说：毛泽东提倡学习，不是说说而已，他买了许多书来读，还把中学物理、化学实验的仪器买来摆在寝室外面。他的求知欲是没有止境的。有一次他外出的时候，李烛尘陪着他，他就跟李烛尘学化学，谈起硫酸是什么成分，他还能写出硫酸的分子式，当时我在旁边，看见毛主席记得很多的化学分子式。

毛泽东虽然不是一位专门从事自然科学、技术科学研究的专家，但他却是一位对自然科学研究、技术科学研究有着浓厚的兴趣，并予以高度重视的伟大领导人。他一生都在尽可能地从繁忙的工作中挤出时间来学习和了解自然科学、技术科学的发展情况。延安时期如此，进城以后也是如此，直到逝世前几年，视力很差了，全身患病，卧床不起，每天还是非常用心地阅读一些印成大字的自然科学书刊，如达尔文的《物种起源》、杨振宁的《基本粒子发现简史》、《动物学》杂志、《化石》杂志、《自然辩证法》杂志、《科学大众》等。直到1976年，在他生命垂危的最后岁月，他还在读英国人李约瑟著的多卷本《中国科学技术史》。实践证明，毛泽东对自然科学、技术科学的关注和重视有力地推动我国科学技术事业的发展。

---

① 《毛泽东文稿》第八卷，人民出版社 1999 年版，第 351 页。

二、重视自然科学技术的研究和发展

我国许多著名科学家都应邀到过毛泽东中南海的书房。在这里，他们受到毛泽东主席热情的接待，常常是清茶一杯，纵谈天地古今。大至宏观世界的天体起源、日月星辰；小至微观世界的细胞构成、原子裂变。主人不拘形迹，或坐或卧或来回踱步，谈笑风生，幽默风趣，交换意见完全是商量、探讨、研究的口气，不强加于人。客人们不感到拘谨，像在老朋友家做客一样，畅所欲言，各抒己见，无所顾忌。这种亲切坦率的会见，在 20 世纪五六十年代时是经常有的。毛泽东从科学家那里学到并丰富了自然科学知识，科学家们从毛泽东那里得到辩证唯物主义的哲学启迪。宾主相得益彰，尽欢而散。

毛泽东很重视虚心向科学家求教自然科学知识。1952 年，他关心即将全面展开的社会主义经济建设中的石油资源问题。他在一次会议上见到了地质学家李四光同志，劈头就问：你那个山字形构造是怎么回事？你是不是给我讲一讲？李四光很诧异，心想：毛泽东同志日理万机，怎么对地质学这样一个专门性的概念都注意到了？感动之余，他详细地给毛泽东讲了在力的作用下，大地形成的山字形构造是怎么回事。

第一个五年计划开始之后，毛泽东对我国的石油资源情况很关心。在这之前，国内外的一些所谓专家、权威都认为中国是个贫油国家，肯定找不到石油。1953 年的一天，毛泽东把当时担任地质部部长的李四光请到中南海，周恩来和朱德也在场。毛泽东问李四光：在我们的地底下究竟能不能找到石油？毛泽东说：第一个五年计划已经开始，天上飞的，地下跑的，都离不开石油。要是找不到天然石油，我们就要走人造石油的道路，可别耽误了！

李四光谈了从 20 世纪 20 年代起他对这个问题的考察情况，满怀信心地说：我们中国的地质条件很好，问题在于我们的勘察工作要跟上去。我主张广泛地开展石油普查工作。

毛泽东很重视李四光的意见。1956 年 5 月 6 日，周恩来在国务院召开的司局长以上的干部会议上，正式传达了毛泽东关于开发我国石油资源的指示。周恩来说：我们的石油发展很落后，首先是勘察的情况不明。地质部部长很乐观，对我们说：地下的储藏量很大，很有希望。我们很拥护他的意见。现在需要做工作，所以要有一个单独的石油工业部。

根据李四光的地质力学理论，我国地质科学工作者和石油科学工作者广泛开展普查勘探工作，先后找到了石油。毛泽东对这项成就给予很高的评价。1964 年元旦，毛泽东邀请李四光到中南海怀仁堂看豫剧《朝阳沟》，两人坐在一起，边看戏边谈话。当谈到我国发现石油时，毛泽东高兴地说，你们两位（指地质部部长和石油部部长）都有功劳。在三届人大会议上，周恩来代表党中央和毛泽东再次表扬了这项成就。他说：第二个五年计划期间建设起来的大庆油田，是根据我国地质学家的理论发现的。1964 年 2 月 6 日，毛泽东把李四光、竺可桢和钱学森请到了中南海，在自己的卧室，与这三位科学家就天文、地质、尖端科技等重大科学问题进行了亲切而广泛的交谈。李四光回家后，对家里人说：主席知识渊博，通晓古今中外许多科学的情况，对冰川、气候等科学问题了解得透彻入微。在他的卧室里，甚至他的床上，摆满了许多经典著作和科学书籍，谈到哪儿就随手翻到哪儿，谈的范围很广，天南海北，海阔天空。

著名气象学家竺可桢曾在日记中谈到 1964 年 2 月 6 日他和毛泽东一次会见的情况。竺可桢在日记中写道：

> 毛主席电话要我去中南海谈话，并说只约了仲揆（即李四光）和钱学森。我到中南海，见毛主席卧室摆满图书……与我握手后，我坐下正要问好，他就先说见到我关于《论我国气候的几个特点及其与粮食作物生产的关系》一文，我说明这是去

年在杭州地质学会上提交的论文……毛主席说，农业八字宪法水肥土密保种工管，尚有缺点，还应加上光和气（日光和气候）。未几，仲揆和学森来，大家就谈地球形成之初情况如何，空气合成了许多煤与石油，动植物何如进行。他又谈到无穷大与微观世界，正电子与反电子的辩证法……仲揆谈到造山运动和冰川，因此谈到地质时代气候变迁，毛泽东问到近来有否著作可以送他看。3点告别。①

竺可桢回来后，又给毛泽东送去了自己写的论文《历史时代世界气候的波动》和《物候学》。

也是这一年，毛泽东和周培源等几位科学家谈话时，曾提到北大化学系傅鹰教授关于氢氧合成水要经过几千年的说法与社会上一般说法不同，他关心这几种不同意见的讨论情况。周培源不知道傅鹰教授的说法出自何处，问到本人时，才知道他是在讲义中提到的。周培源敬佩地说："毛主席连北大化学系印发的讲义都看过，真是博览群籍！"②

毛泽东非常关注遗传学研究。20世纪50年代初期，在遗传学研究中国际上曾出现了李森科学派与摩尔根学派的不同的学术观点之争。

1956年4月，毛泽东看到一份关于东欧国家一位党的领导人的谈话记录，谈他们国内遗传学专家对强制推行李森科学派的反映。毛泽东在这份材料上给当时的中宣部副部长张际春批写了几句话："此件值得注意，请中宣部讨论一下这个问题。讨论时，邀请科学院及其他有关机关负责同志参加。"4月25日，毛泽东在中央政治局扩大会议讲了"十大关系"。他说："自然科学方面，我们比较落后，特别

①　转引自《毛泽东同志八十五诞辰纪念文选》，人民出版社1979年版，第229页。
②　唐矵编著：《毛泽东与读书学习》，中央文献出版社2004年版，第118—119页。

第八讲　把读自然科学书籍与关注科学技术发展融贯一生

要努力向外国学习。但是也要有批判地学,不可盲目地学。""对于苏联和其他社会主义国家的经验,也应当采取这样的态度。过去我们一些人不清楚,人家的短处也去学。"① 同年5月2日,毛泽东在最高国务会议第七次会议上作总结讲话时提出:"在艺术方面的百花齐放的方针,学术方面的百家争鸣的方针,是有必要的。"他还说:"在中华人民共和国宪法范围之内,各种学术思想,正确的、错误的,让他们去说,不去干涉他们,李森科、非李森科,我们也搞不清,有那么多的学说,那么多的自然科学学派。就是社会科学,也有这一派、那一派,让他们去谈。在刊物上、报纸上可以说各种意见。"② 他的这番话避免了在中国搞李森科学派压制摩尔根学派的斗争。

在毛泽东这一系列讲话的精神的推动下,经中宣部建议,1956年8月,中国科学院和高等教育部在青岛召开了遗传学座谈会。会上不同学派的遗传学者各抒己见,会议充满了民主的气氛。

1957年3月12日,毛泽东在中国共产党全国宣传工作会议上讲话,两次指出:"各种不同意见辩论的结果,就能使真理发展。"③ 就在这次会议上,毛泽东接见了遗传学专家谈家桢,而谈家桢也汇报了青岛会议的情况。毛泽东很注意地听着,不时地点头说:"应该取长补短。"他还鼓励说:"一定要把遗传学研究工作搞起来,要坚持真理,不要怕。"④

此后不久,毛泽东从4月29日的《光明日报》上读到了遗传学家李汝祺的文章《从遗传学说谈百家争鸣》,毛泽东十分重视。4月30日,毛泽东写信给胡乔木:"此篇有用,请在《人民日报》上转载。"他还亲自代《人民日报》拟写了编者的按语:"这篇文章载在

---

① 《毛泽东文集》第七卷,人民出版社1999年版,第41、42页。
② 《毛泽东文艺论集》,中央文献出版社2002年版,第144—145页。
③ 《毛泽东文集》第七卷,人民出版社1999年版,第279页。
④ 谈家桢:《毛主席给了我巨大的力量》,《毛泽东同志九十诞辰纪念文选》,人民出版社1984年版,第333页。

4月29日的《光明日报》，我们将原题改为副题，替作者换了一个肯定的题目，表示我们赞成这篇文章。我们欢迎对错误做彻底的批判（一切真正的错误思想和措施都应批判干净），同时提出恰当的建设性的意见来。"毛泽东把这篇文章的题目修改为"发展科学的必由之路"。这个简明而精辟的论断，是对科学发展规律的重要概括，对百家争鸣方针的深刻阐述。

毛泽东在以后一直十分关注遗传学的发展，1956年毛泽东在杭州约见周谷城、赵超构和谈家桢时，再次向谈家桢询问有关遗传学的一些问题，他说："把遗传学搞上去还有什么困难和障碍？有困难，我们一起解决嘛！"1974年，毛泽东已重病在身。一次王震去上海，毛泽东就托王震代他向谈家桢询问："这几年为什么没见你发表的文章？你过去写的文章，有些观点还是正确的嘛！"他继续鼓励谈家桢要用马克思主义观点指导遗传学的研究。①

20世纪60年代初期，数学家华罗庚的《统筹方法平话》一书，用通俗语言介绍了如何在实际生活中运用统筹学的方法。起初，他的理论没有在实践中取得成功。后来，他应邀到西南的一些施工现场进行推广，取得了不少的成果。这使华罗庚十分高兴。他给毛泽东寄去了一本他写的《统筹方法平话》。1965年7月21日，毛泽东给华罗庚写了一封信："来信及《平话》，早在外地收到。你现在奋发有为，不为个人，而为人民服务，十分欢迎。听说你到西南视察，并讲学，大有收获，极为庆幸。"② 这封回信，肯定了华罗庚使科学研究走向实际生活的做法，极大地鼓舞了这位数学家继续从事基础科学研究的积极性。后来，华罗庚又在实际生产中推广优选法，并取得了很大的成功。

1967年5月1日，在天安门城楼上，毛泽东见到了华罗庚，亲

① 参见侯俊智主编：《博览群书的毛泽东》，浙江人民出版社1994年版，第186—188页。

② 《毛泽东书信选集》，人民出版社1983年版，第606页。

第八讲 把读自然科学书籍与关注科学技术发展融贯一生

切地握住他的手，并向在场的领导同志热情的介绍："这是我们的数学家华罗庚同志。"

从以上简略的介绍以及后来我国自然科学、技术科学领域进步发展的实际，我们可以看到，新中国成立之后面对百孔千疮、百端待举、百废待兴的诸多实际情况，毛泽东在千方百计凝聚力量、集中精力抓经济建设的同时，还非常重视和关注自然科学技术的发展。诸多自然学科的建立和发展，诸多科学研究工作的开展和普及，诸多自然科学领军人才的发现、培养，诸多科学技术研究基地的建设和各项研究工作的开展，包括石油的开采，原子弹的爆炸，科学种田，农业生产机械化的推广，诸多自然科学、技术科学的研究成果和发明创造，等等，一件件，一项项，都是毛泽东重视自然科学、关注自然科学正确思想的具体体现。回顾新中国成立之后直到毛泽东逝世，在这短短的二十多年中，我国自然科学事业的发展成绩是显著的，进步也是明显的。

三、关注《自然辩证法研究通讯》和"基本粒子"

《自然辩证法研究通讯》杂志是 1956 年制定自然辩证法研究工作十二年规划的时候创办的。这个杂志（季刊）发行量不大，开头发行两千份，后来增加到一万份。读者范围大致限于自然辩证法工作者和一些对自然辩证法有兴趣的教师和学生。但这本杂志受到了毛泽东同志的注意。

1963 年 12 月 16 日，中央科学小组的聂荣臻等同志到中南海颐年堂向毛泽东汇报新的科学技术十年规划。谈话中毛泽东问起这个杂志，说：有一本杂志《自然辩证法研究通讯》，中间停了很久，现在复刊了，复刊了就好。现在第二期已经出了。这个刊物哪里出的？毛泽东为什么这样关注这本杂志呢？

毛泽东学习自然科学的目的，主要在于认识客观世界，指导现实的革命斗争和建设工作。而在另一个方面，毛泽东也以他哲学家的智慧，理论家的品质，对自然科学的某些问题提出独特的见解，这其中，关于物质的无限可分性问题，就是一个很为突出的事例。

毛泽东对物质的无限可分性问题所持有的想法和怀有的兴趣由来已久。早在1955年1月上旬，毛泽东亲自主持召开会议，研究我国原子能科学的发展问题。在会上，毛泽东就问过钱三强："质子、中子是由什么组成的？"当时自然科学还没研究到这一步。钱三强回答说："对这个问题还没有新的认识，根据现有的科学研究，还只知道质子、中子是构成原子核的基本粒子。"毛泽东听了笑了，打着手势说："我看不见得。质子、中子、电子还应该是可分的，一分为二，对立统一嘛！现在实验室上虽然还没证实，将来实验条件发展了，将会证明它们是可分的。"接着，他又风趣地说："你们信不信？你们不信，反正我信。"半年以后，美国第一次发现了"反质子"，一年以后，又发现了"反中子"。从而，证明了毛泽东的正确预见。

1963年秋，毛泽东在复刊后的第一期《自然辩证法研究通讯》上读到日本物理学家坂田昌一的《基本粒子的新概念》的译文，很感兴趣。他在文章里密密麻麻地画了横线，有的文字下面还画了两道横线，在标题前画了三个圈，在作者"坂田昌一"四字下也画了横线。他称赞坂田昌一关于基本粒子不是不可分的观点是站在辩证唯物主义立场上的，他对此极为重视。1964年8月18日，毛泽东在北戴河同几位哲学工作者谈话时，特别讲到坂田昌一的文章，赞赏其中关于"基本粒子"并不是最后的不可分的粒子的观点。他说："列宁讲过，凡事都可分。举原子为例，不但原子可分，电子也可分。可是从前认为原子不可分。原子核分裂，这门科学还很年轻。近几十年来，科学家把原子核分解了。有质子、反质子，中子、反中子，介子、反介子，有重的，还有轻的。至于电子同原子核可以分开，那早就发现了。电线传电，就利用了铜、铝的外层电子的分离。电离层，在地球

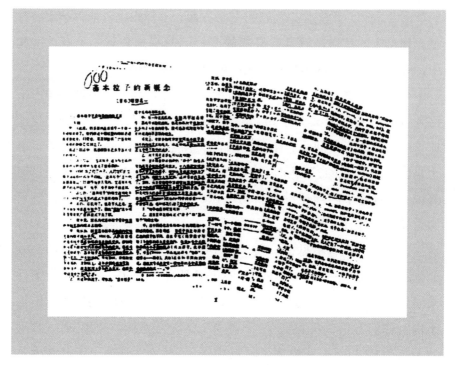

毛泽东在坂田昌一《基本粒子的新概念》上的批画

上空几百公里，那里电子同原子核也分离了。电子本身到现在还没有分裂，总有一天能分裂的。'一尺之棰，日取其半，万世不竭。'这是个真理。不信，就试试看。如果有竭。就没有科学了。世界是无限的。时间、空间，是无限的。空间方面，宏观、微观，是无限的。物质是无限可分的。所以科学家有工作可做，一百年后也有工作可做。听了些说法，看了些文章，很欣赏《自然辩证法研究通讯》上坂田昌一的文章，以前没有看过这样的文章。他是辩证唯物主义者，引了列宁的话。"[1]

1964 年 8 月，北京召开了一次规模很大的国际性的科学讨论会。23 日，毛泽东会见了作为日本代表团团长的坂田，对坂田说："你的

---

[1] 龚育之等著：《毛泽东的读书生活》，中央文献出版社 2003 年版，第 103—104 页。

文章我看过了，写得很好。"这使坂田既惊讶又兴奋。后来游颐和园，于光远向坂田说明了毛泽东从哪里读到坂田的哪篇文章，告诉他毛泽东非常重视他引用列宁关于电子不可穷尽的论述，非常重视他关于"基本粒子"可分的见解，还告诉他，毛泽东在 1957 年莫斯科会议上就说过一分为二是普遍现象，原子分为原子核和电子，原子核又分为质子和中子，质子又有反质子，中子又有反中子……坂田很感兴趣，说：可惜他原来不知道毛泽东 1957 年讲过这些意见，如果早知道，他的文章一定会引用的。坂田回国以后，多次写文章讲到毛泽东的这一见解。①

这段时期，毛泽东对"基本粒子"可分的问题想得很多。在会见日本坂田的第二天，即 8 月 24 日，毛泽东又把著名物理学家周培源、于光远等请到中南海书房，专就这个问题进行了交谈。在长达三个多小时的讨论中，毛泽东和两位科学家还比较系统地谈了他对自然辩证法的一些见解。讲到宇宙的无限：宇宙从大的方面是无限的，从小的方面也是无限的，是无限可分的；讲到细胞的起源；讲到地球和人类的未来；讲到认识的主体和认识的工具；讲到哲学就是认识论；等等。

在当时召开的北京科学讨论会上，以及两年后在北京召开的暑期物理讨论会上，中外科学家对毛泽东的这一哲学思想进行了热烈讨论。毛泽东强调的"基本粒子"可分的思想，本是从物理学家那里来的，反过来又影响物理学家去认真探索"基本粒子"以下层次的粒子。与会的许多中外科学家把这种粒子称为层子，建立了基本粒子结构的层子模型，发表了一批研究论文。据说，这些成果在当时都是较为超前的科研工作。在这前后，西方物理学家发展了基本粒子重粒子结构的"夸克"学说。"夸克"大致相当于"层子"。从那时以来，这方面研究工作取得长足的进展，"基本粒子"有更深层次的结

①　参见龚育之等著：《毛泽东的读书生活》，中央文献出版社 2003 年版，第 107—108 页。

构，在物理学界已得到公认。

毛泽东逝世后，1977 年在夏威夷召开了第七届粒子物理学讨论会。诺贝尔物理学奖获得者格拉肖提议把构成物质的所有这些假设的组成部分命名为"毛粒子"（Maons），以纪念已故的毛主席，因为他一贯主张自然界有更深的统一。这个建议并不是对粒子命名的一个具体建议。这个建议表示了一个科学家对一个哲学家的深刻见解的敬意，也是这位自然科学家给予毛泽东的"哲学的最高荣誉"。

说到毛泽东晚年对"基本粒子"研究的浓厚兴趣，还有两段历史佳话。

一是 1973 年夏天毛泽东八十高龄时，在中南海书房会见美籍华裔物理学家、曾获诺贝尔物理学奖的杨振宁博士。对毛泽东的这次会见，杨振宁回忆说：

> 我到中国既不是以记者身份去的，也不抱有任何具体的目的，唯一的目的是想促进中美两国间的相互了解。所以当我去见毛主席的时候，我没有任何拟定的问题要问他，也一点不知道谈话大概会怎么进行。其实，这样倒也好，因为这是一次非常轻松和漫谈性的谈话，毛主席非常有办法使我不感到拘束。
>
> 他问我们在物理学研究方面正在做些什么，当我告诉他我们正在研究"基本粒子"的结构的时候，毛主席对此非常感兴趣。使我感到惊奇的是，他显然是一直密切注意着当代高能物理学的某些发展情况，特别是"基本粒子"是否可分的问题。我告诉他这个问题仍然在激烈地辩论，迄今还没有作出明确的结论。
>
> 我觉得毛主席对物理学的兴趣确实是浓厚的。我估计他在哲学方面的兴趣同他对于我们想在实验室里弄清楚的东西的了解和好奇心有关系。
>
> 我们的谈话涉及许多方面。比如，他告诉我，中国古代哲学

家也曾推测过物质的结构，他还引了一些古典著作中的话，我很乐于了解这些著作，因为我原先还不知道有这些东西。

谈话间，毛主席问我："在你们的领域里对'理论'这个词和'思想'这个词是如何用的？"啊，我可未曾想过这两个词之间的区别，因此我不得不想一想。经过一番思考之后，我做了一个未能说清问题的答复。接着我们就讨论这两个词在日常中文和英文中的含义，以便同它们在物理学学术方面的含义作比较。这两个词的含义的区别是细微的，这次讨论没有得出任何具体的结论，但是却给我留下了深刻的印象。毛主席还和我讨论了不同程度的概念问题，并非常仔细地把他要用的每一个词句都用得确切。①

杨振宁博士的《基本粒子发现简史》这本论著，中文本是上海科学技术出版社1963年9月出版的。中文版一经出版，杨振宁就赠给毛泽东一本，并在这本书的扉页上用中文恭恭敬敬地写了一段话，表达作者对毛主席的敬意，请伟大领袖指教。书是杨振宁赠送给毛泽东的，杨振宁又是当时在世界上颇有名气的物理学家，并且书上还有作者本人亲笔用中文写的充满感情的一段话，所以，这本书很快就送到了毛泽东的手里。有一段时间，他老人家把这本书一直放在自己的案头，时常翻阅。

《基本粒子发现简史》全书约4万字。本书根据杨振宁于1959年在美国普林斯顿大学的讲稿修订而成。书中按照历史发展次序叙述了20世纪60年代末在"基本粒子"物理学领域内的重要发现，最后着重讨论了宇称守恒问题。作者的演讲原来是专为大学中对科学有一般兴趣的听众而作的，因此虽然所涉及的问题有不少是当时"基本粒

① 张一心、王福生编：《巨人中的巨人——外国名人要人笔下的毛泽东》，中共中央党校出版社1993年版，第321—322页。

子"物理学中最突出和最深奥的问题，可是并不要求读者具备高深的物理学知识。

这次会见交谈之后，毛泽东对杨振宁博士的《基本粒子发现简史》一书，似乎意犹未尽。几个月之后，即 1973 年 12 月 14 日，毛泽东又嘱咐我们把《基本粒子发现简史》印成大字线装本，放在自己的身边，多次翻阅。

另一段佳话是 1974 年 5 月 30 日毛泽东在中南海书房会见美籍华裔物理学家、曾获诺贝尔物理学奖的李政道博士的故事。对毛泽东的这次会见，李政道在《我同毛泽东的会见——对称在物理和政治中的含义》一文中是这样写的：

"请你谈谈，为什么对称是重要的？"毛泽东问。

根据韦伯斯特（Webster's）词典，对称（Symmetry）的意思是"平衡的比例"，或者"产生于平衡的比例的形式美"。在中文里，对称是几乎完全相同的含义。从本质上说，这是个静止的概念。而根据毛泽东的观点，社会进化的基础在于变革，动态，而非静态，才是唯一重要的基本要素。他强烈地感觉到这种认识对于自然界肯定也是对的，所以奇怪为什么对称会在物理学中占有那么崇高的地位。

在我们的会见中，我是唯一的客人。我们的座椅之间是一个小茶几，上面放着铅笔、笔记本和两杯绿茶。我把铅笔放在笔记本上，把笔尖指向毛泽东，然后再把笔尖转向我。铅笔转过来又转过去。我指出，这运动没有一刻静止，但这整个过程却具有对称性。毛泽东很欣赏这种演示，并且问到对称的更深含义，问到物理学家能否仅仅根据对称性原理真正描述出普遍规律。我解释了爱因斯坦根据等价原理的对称要求而建立的相对论所具有的深远意义，我们讨论了粒子和反粒子之间的对称以及它们产生和湮灭的动力学过程。看起来对称所具有的美感简洁性与其含义的深

148

刻普遍性的统一给毛泽东留下了很深的印象。他为自己一直没有时间学习科学而遗憾，但他仍记得并很欣赏生物学家阿瑟·汤姆森（J. Arthur Thomson）所著的一套著作，那还是他年轻时读过的。

我们的谈话逐渐从自然现象转到人类活动。我谈到教育同创造性、同社会的健康是不可割裂的。谈话结束时，毛泽东接受了我的建议，中国的教育应该加强。后来这导致大学"少年班"的建立，让那些聪颖过人的十三四岁优秀学生跳级进入大学学习。

在"文化大革命"制造的巨大混沌中，这次会见带来的只不过是微量有序。然而，它在某种意义上却揭示出人寻求自然界对称的迫切愿望同他建立有意义的平衡社会的强烈要求之间的相互关系。第二天，我在机场收到了毛泽东的送别礼物：一套阿瑟·汤姆森的 1922 年版原版著作《科学概要》（Outline of Science）。①

这次会见，从头到尾，毛泽东紧紧围绕着"粒子和反粒子之间的对称"这个主题进行交谈。为了加深对李政道观点的了解，李政道写的《不平常的核态》一文，1974 年 4 月 6 日，毛泽东嘱咐我们将此文印成大字线装本。6 月 4 日大字线装本印出后，毛泽东多次仔细阅读。

毛泽东和以上两位美籍华裔物理学家的会见，时间虽已过去四十多年，但毛泽东对"基本粒子"研究的关注，以及垂老不倦、用心阅读《基本粒子发现简史》《不平常的核态》等大字线装本自然科学理论著作的日日夜夜，都还深深地留在我的记忆中。

① 张一心、王福生编：《巨人中的巨人——外国名人要人笔下的毛泽东》，中共中央党校出版社 1993 年版，第 295—296 页。

不平常的核态

李 政 道

1. 0^+ 介子或共振的存在

在這一個報告中，想和各位討論一下最近我做的一些理論上的推測．今天報告的題目是"不平常的核態"．我們先討論一下，從理論上的觀點，爲什麽會去猜測它有存在的可能？什麽是它能存在的條件？然後討論一下，怎麽樣才可以做實驗來證實這"不平常的核態"是不是真的能够存在？

1

　　毛泽东读自然科学书籍、学习钻研科学技术知识，融贯他的一生。新中国成立之后面对百孔千疮、百端待举、百废待兴的诸多实际情况，毛泽东在千方百计凝聚力量、集中精力抓经济建设的同时，还非常重视和关注自然科学技术的发展。诸多自然学科的建立和发展，诸多科学研究工作的开展和普及，诸多自然科学领军人才的发现、培养，诸多科学技术研究基地的建设和各项研究工作的开展，包括石油的开采，原子弹的爆炸，科学种田，农业生产机械化的推广，诸多自然科学、技术科学的研究成果和发明创造，等等，一件件，一项项，都是毛泽东读自然科学、重视自然科学、关注自然科学的具体体现。

第九讲　毛泽东是一个真正博览群书的人

　　毛泽东主席的一生是全心全意为全国各族人民谋利益的一生，也是读书学习的一生。读书是毛泽东一生最大的嗜好。毛泽东一生读了很多很多的书。1976年9月9日去世之后，我和几个有关方面的同志将中南海毛泽东丰泽园故居和游泳住地存放的全部图书报刊资料进行登记、统计，全部书刊共有约十万册。我们平常常说读书破万卷，意思是读万卷书就是读很多的书了。毛泽东主席一生何止读万卷书，至少是数万卷啊。毛泽东一生到底读了些什么书，毛泽东最爱读什么书，晚年到底读了些什么书，晚年最爱读什么书，等等，这是大家都很关注的、都希望有所了解的。为了说清楚这些问题，我想从胡耀邦同志担任党中央总书记期间与我的一次谈话说起。

一、毛泽东晚年是否读过《金瓶梅》？

胡耀邦爱散步，当年他每天要走一万步。这一万步，起初他习惯沿着中海、南海的海边走。后来，即 1984—1986 年期间，因中南海对广大人民群众开放，他散步就改在毛主席丰泽园故居院内了。丰泽园故居是典型的旧式四合院建筑，位于中海和南海之间。当时，中央主要领导同志办公地点的西门与丰泽园院子相通。那时，我们每天都在丰泽园故居整理登记毛主席的图书资料。为了防潮、防霉，白天我们经常开门开窗通风。耀邦同志散步的时候，看见丰泽园故居内存书的屋子大门都开着，有一次就进到菊香书屋里。我见耀邦同志进屋，就主动向他打招呼。他就与我亲切地交谈起来。我还清楚地记得，耀邦同志与我交谈时问我："你是做什么工作的？"我回答说："我是给晚年的毛主席做图书服务工作的。"他说："噢，你是给主席做图书服务工作的。那我问问你，主席晚年是不是天天都看《金瓶梅》啊？"我说："说真话，毛主席晚年没有看过《金瓶梅》。我们是从1966 年 5 月开始为毛主席做图书服务工作的。毛主席每天看什么书我们都有登记，直到他老人家逝世。这十多年的时间里，毛主席没有向我们要过《金瓶梅》，我们也没有发现他老人家看过《金瓶梅》。但可以有把握地说，毛主席生前看过《金瓶梅》。"为什么我有把握说毛主席生前看过《金瓶梅》。因为，我看到过毛泽东对《金瓶梅》有过三次评价。如果没看过，怎么会有评价呢？接着，我就向耀邦同志汇报了毛主席先后三次关于对《金瓶梅》的评价。

第一次是在 1956 年 2 月 19 日、20 日的一次会议上，毛主席听取国家建筑工业委员会和建筑工业部领导同志汇报时，一上来就问当时参加汇报的万里同志是什么地方人。万里回答是山东人。毛主席接着又问："你看过《水浒》和《金瓶梅》没有？"万里说没有看过。毛主席说："《水浒》是反映当时政治情况的，《金瓶梅》是反映当时经济情况的，是《红楼梦》的老祖宗，不可不看。"① 这是毛主席第一次说《金瓶梅》是《红楼梦》的老祖宗，也是毛主席第一次在众人面前对《金瓶梅》的评价。

第二次是 1961 年 12 月 20 日，毛主席在中共中央政治局常委和中央局第一书记会议上的讲话中，又一次说到《金瓶梅》。毛主席说："中国小说写社会历史的只有三部：《红楼梦》、《聊斋志异》、《金瓶梅》。你们看过《金瓶梅》没有？我推荐你们都看一看，这部书写了明朝的真正社会历史，暴露了封建统治，揭露统治和被压迫的矛盾，也有一部分写得很细致。《金瓶梅》是《红楼梦》的祖宗，没有《金瓶梅》就写不出《红楼梦》。但是，《金瓶梅》的作者是不尊重女性，《红楼梦》、《聊斋志异》是尊重的。"② 这是毛主席第二次在众人面前对《金瓶梅》的评价。

第三次是 1962 年 8 月 11 日，毛主席在中央工作会议中心小组会议上的讲话中也说到了《金瓶梅》。毛主席说："有些小说如《官场现形记》等，是光写黑暗的，鲁迅称之为谴责小说。只揭露黑暗，人们不喜欢看。不如《红楼梦》、《西游记》使人爱看。《金瓶梅》没有传开，不只是因为它的淫秽，主要是它只暴露，只写黑暗，虽然写得不错，但人们不爱看。"③ 这是毛主席第三次对《金瓶梅》的评价。

我对耀邦同志说："从这三次对《金瓶梅》的评价，足以说明毛主席在 1956 年 2 月 19 日之前就看过《金瓶梅》。毛主席到底是什么时候读《金瓶梅》的，我没有考证过。"

听了我的介绍，耀邦同志点头称赞我说得有道理。

① 《毛泽东传》第四册，中央文献出版社 2011 年版，第 1437 页。
② 《毛泽东传》第五册，中央文献出版社 2011 年版，第 2155 页。
③ 《毛泽东传》第五册，中央文献出版社 2011 年版，第 2208 页。

二、延安时期，毛泽东最爱读哲学方面的书

接着，耀邦同志又很严肃地向我提出第二个问题。他说："那你告诉我，毛主席最爱读什么书?"耀邦同志的提问，一下把我难住了。我说："耀邦同志，你提的这个问题，我很难回答。"耀邦同志皱着眉头说："怎么很难回答! 你是老人家的图书管理员，老人家最爱读什么书，你还不知道?"我说："耀邦同志，不是这个意思。毛主席几十年，读书千万种。从青少年时代，到战争岁月，直到生命的最后时刻，他老人家一生中读了很多很多的书。您问我，他最爱读什么书，我真的很难用准确的语言表达出来。如果您把题目变得小一些，如在某一段时间内，他老人家最爱读什么书? 读了些什么书? 我就好回答了。例如：您要问我，在延安时期，毛主席最爱读什么书? 我就可以有把握地告诉您：延安时期，毛主席最爱读哲学方面的书。"说到毛主席在延安时期读书的事，耀邦同志谈话的兴趣更浓了。他说："在延安的时候，我到主席住地去过几次，每次去看到主席不是在看书就是在写文章。他老人家习惯夜晚办公看书，常常看书看到天明。"说到这里，耀邦同志还非常高兴地给我讲了一个小故事。说有一天早晨，太阳刚从东方升起，他爬山回来，路过毛主席的窑洞门前，看到主席坐在窑洞门前看书。他就走到跟前说："主席，您今天早上起得这么早啊!"毛主席抬头一看，笑笑说："我还没睡呢!"听完了这段故事，我就问耀邦同志："毛主席在延安的时候，他办公室到底有多少书啊?"耀邦同志指了指菊香书屋主席吃饭桌旁的书架说："像这样大小的书架，至少有 5 个，上面全放的是书。"说完，耀邦同志站起身来，非常严肃地说："毛主席啊，毛主席，谁也没有您老人家看书看得多啊!"因为我听说耀邦同志也是很爱读书的，他常常晚上工作忙完了之后，还要读一两个小时的书才休息。所以，我就接着说："耀邦同志，听说您也读了很多的书啊!"耀邦同

志说："我不能与他老人家比，我读的书最多是他老人家的五分之一。"大概是觉得五分之一少了一些，走到里屋床头两个书柜前，又回头过来说："最多是三分之一。"

接着，我向耀帮同志介绍了毛主席在延安时期最爱读哲学书的几个有关例证。

第一，读哲学书的批注。毛主席在延安读得多、批注文字多的哲学著作有西洛可夫、爱森堡等著《辩证法唯物论教程》（中译本第三版），米丁等著《辩证唯物论与历史唯物论》（上册），艾思奇著《哲学与生活》，李达著《社会学大纲》，博古译《辩证唯物论与历史唯物论》，艾思奇编《哲学选辑》，西洛可夫、爱森堡等著《辩证法唯物论教程》（中译本第四版），艾思奇编《思想方法论》，河上肇著、李达等译《马克思主义经济学基础理论》9 种。这 9 种哲学著作，毛主席在延安时都读过多遍。打开这 9 种著作，你可以清晰地看到书上画的各种笔迹和成段成段的批注。许多地方画了竖线、横线、斜线、浪线、三角、方框、问号和圈、点、勾、叉等各种符号，有的是用红铅笔圈画的，有的是用蓝铅笔圈画的，有的是用黑铅笔圈画的。最长一段批注写了 1200 多字。大部分批注文字都是毛笔书写的，字写得很小，书写得很流畅，大多是行书字体。说是读书批注，实际上也可以作为书法作品来欣赏。当时，我将毛主席读批过的这 9 种哲学著作一本一本拿给耀邦同志阅看，他看得很仔细，一边看一边还把主席的批注文字读出声来。他边看边充满深情地说："在延安，我们都知道毛主席天天读书，可是不知道还写了这么长这么多的读书批注。毛主席在读书上下了这么大的功夫，他老人家永远都是我们学习的榜样。"耀邦同志还说："这些批注太珍贵了，对研究毛主席，对研究延安这一段的历史等都有重要价值啊！"耀邦同志在阅看这些书时轻拿轻放，还嘱咐我们："你们一定要把这些书保存好啊！"

第二，保存下来的唯一一份读书日记。毛主席在日记上写道：

"二十年没有写过日记了，今天起再来开始，为了督促自己研究一点学问。"这份日记写于 1938 年 2 月 1 日至 4 月 1 日。先后时间是两个月。原手稿共 7 页，未标页码，是写在横格本子上的。2 月 1 日这一天，毛主席写道："看李达的《社会学大纲》，1 月 17 日至昨天（即 1 月 31 日——笔者注）看完第一篇，唯物辩证法，从 1—385 页。387—416。"从 2 日到 4 日，因工作忙没有时间看。5 日从第 417 页看到第 457 页，看了整整 40 页。到 3 月 16 日，852 页全看完了。从 3 月 18 日到 4 月 1 日，这两个星期，又看了克劳塞维茨写的《战争论》和潘梓年同志写的《逻辑与逻辑学》。

从这份读书日记中，我们清楚地看到，这两个月中，毛主席读的书主要是哲学方面的书。这是保存下来的唯一的读书日记。耀邦同志看完这份日记后频频点头说："是的，主席是很爱读哲学书。在延安时，在他老人家的带动下，还组织过读书小组，号召大家学哲学呢！"

第三，与斯诺的谈话。斯诺在《西行漫记》中这样写道："毛泽东是个认真研究哲学的人。我有一阵子每天晚上都去见他，向他采访共产党的历史，有一次一个客人带了几本哲学新书来给他，于是毛泽东就要求我改期再谈。他花了三四夜的工夫专心读了这几本书，在这期间，他似乎是什么都不管了。他读书的范围不仅限于马克思主义的哲学家，而且也读过一些古希腊哲学家、斯宾诺莎、康德、歌德、黑格尔、卢梭等人的著作。"① 斯诺的访谈，是 1936 年 10 月间的事情。

第四，《辩证法唯物论》（讲授提纲）和《矛盾论》、《实践论》两篇著名的哲学著作都是写于延安。

我说，至少有这四个方面的例子说明，毛主席在延安时期读得最多，下功夫最多的是哲学。耀邦同志听了我的介绍后非常肯定地说："你说得对！主席在延安读哲学是下了很大功夫的！他老人家

---

① ［美］埃德加·斯诺：《西行漫记》，生活·读书·新知三联书店 1979 年版，第 67、68 页。

当时还组成读书小组学哲学呢。那时，他还常到抗大去给大家讲哲学呢！"

我还告诉耀邦同志：在延安的岁月里，毛泽东除了读哲学书之外，还读了其他很多方面的书。后来辗转带进中南海的就有一千多册。有马克思著的《资本论》、《共产党宣言》，列宁著的《国家与革命》等马列的著作，有《鲁迅全集》（二十卷本），有《科学大纲》等自然科学著作，有克劳塞维茨的《战争论》，有几种历史演义，等等，许多书上都写满了密密麻麻的批注文字，还有的书上盖有手写体"毛泽东"名字的印章。毛泽东在延安岁月读过的书籍因战争、转移丢失的很多，进城带进中南海的只是其中的一小部分。

三、新中国成立初期到 20 世纪六七十年代的
读书情况

接着，我还向耀邦同志介绍了新中国成立初期到 20 世纪 60 年代中期、后期及 70 年代，毛主席的读书情况。我说，新中国成立后，党的工作重心逐步转移到了经济建设上。这时候，毛泽东的读书重点也随之转移到经济学经典著作上来了。他先后阅读过的马列经济学方面的著作有：《哥达纲领批判》、《政治经济学批判》、《经济学大纲》、《资本论》、《帝国主义是资本主义的最高阶段》、《列宁有关政治经济学论文十三篇》、《马恩列斯论共产主义社会》、《苏联社会主义经济问题》、《俄国资本主义的发展》等。我们知道，这一时期毛泽东读马列著作读得最多、下功夫最多的是《苏联社会主义经济问题》和苏联《政治经济学教科书》"社会主义部分"这两部著作。

我还向耀邦同志介绍了毛泽东读二十四史的情况。我说：毛主席存书中有一部清乾隆武英殿版的大字线装本二十四史，这部纪传体史书是当时做图书服务工作的同志根据主席的读书需要于 1952 年购买

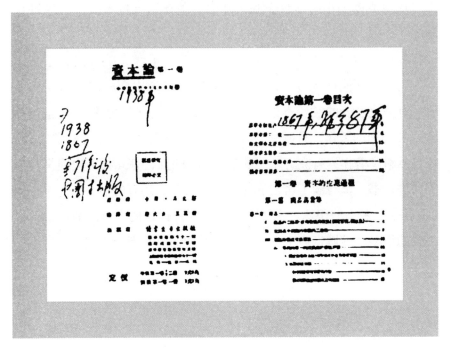

毛泽东写在马克思《资本论》上的批语（1954 年）

的。这部二十四史，主席整整读了 24 年。全书 800 多册，4000 万字左右，他老人家是通读过的。传记部分是他老人家最爱读的，许多的传记，他在阅读中还十分用心地作了标点、断句，画了着重线和作了多种不同的标记，许多地方都写有批注文字。其中的《史记》、《前汉书》、《后汉书》、《三国志》、《旧唐书》、《新唐书》、《晋书》、《明史》等都读过多遍。直到他老人家生命的最后两年，在病中还坚持读《晋书》，用颤抖的手在好几册的封面上用红铅笔写上："一九七五年，八月再阅"，"一九七五年，九月再阅"。他老人家还常常把有意义的人物传记，批送给刘少奇、周恩来、邓小平、彭真、彭德怀等中央领导同志阅读。当耀邦同志翻看毛主席批画阅读过的二十四史时，他还充满深情地说："毛主席啊，毛主席，谁也没有你老人家读中国历史读得多啊！"我对耀邦同志说："毛主席不仅爱读正史二十四史，而且还爱读各种野史、稗史以及历史小说。"毛主席说过，

"不仅二十四史，稗官野史也要读。""所谓野史也大半是假的。可是你不能因为它假的多，就自己来搞一套历史，不读了，那是形而上学，是傻子。"① 实际上，毛主席除了爱读二十四史外，《资治通鉴》、《续资治通鉴》、《纲鉴易知录》、历朝纪事本末、中国历朝历史演义和历史小说，他老人家都爱读。例如：《红楼梦》、《三国演义》、《水浒》、《西游记》、《聊斋志异》等著名的历史小说，他老人家都读过多遍。毛主席对中国文学方面的书籍，也读得很多。《诗经》、《楚辞》、汉魏六朝的文章，唐、宋、元、明、清诗别裁集，《词综》、《曲选》、《韩昌黎全集》、《昭明文选》、《唐诗三百首》、《唐宋名家词选》等书都是毛主席爱读的。《唐宋名家词选》读过的本子就有几种，1974 年 8 月 25 日他已经重病在身，还亲手写了"唐宋名家词选"的书名，并告诉我们工作人员他还要看这种书。到外地考察巡视，他也常常把这些书带在身边。毛主席不但爱读唐宋各代名人的诗文作品，而且对一些作者和作品也都很有研究。如读《初唐四杰集》一书时，他写了这样一段批注："这个人（指王勃——笔者注）高才博学，为文光昌流丽，反映当时封建盛世的社会动态，很可以读。"王勃是唐代有名的年轻诗人，毛主席认为："一个二十八岁的人，写了十六卷诗文作品，与王弼的哲学（主观唯心主义），贾谊的历史学和政治学，可以媲美。"② 贾谊死时三十几岁，王弼死时二十四岁，还有李贺死时二十七岁，夏完淳死时十七岁。这些历史名人，虽然生活贫贱，可是在年轻时都很有作为。毛主席称赞他们是"英俊天才"，对他们死得太早感到非常可惜。他老人家饱含深情地写道："青年人比老年人强，贫人、贱人、被人们看不起的人、地位低的人，大部分发明创造，占百分之七十以上，都是他们干的。百分之三十的中老年是有干劲的，也有发明创造。这种三七开的比例，为什么

① 芦荻：《在毛主席身边读书》，《毛泽东同志八十五诞辰纪念文选》，人民出版社 1979 年版，第 253 页。
② 《毛泽东文艺论集》，中央文献出版社 2002 年版，第 240 页。

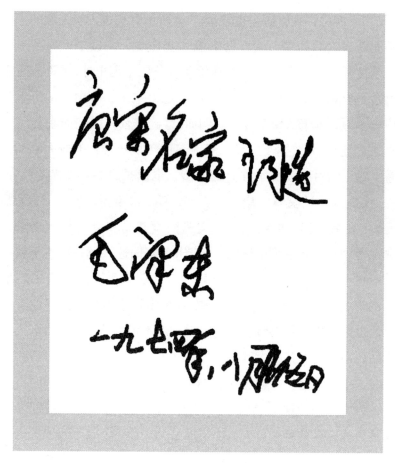

毛泽东手书：唐宋名家词选

如此，值得大家深深地想一想。结论就是因为他们贫贱低微，生命力
旺盛，迷信较少，顾虑少，天不怕，地不怕，敢想敢说敢干。如果党
再对他们加以鼓励，不怕失败，不泼冷水，承认世界主要是他们的，
那就会有很多的发明创造。"[1] 毛主席还特别喜欢读唐代"三李"
（李白、李贺、李商隐）的诗以及宋代辛弃疾等人的词，直到晚年，
他还常常背诵、书写唐诗和宋词。

---

[1] 《毛泽东文艺论集》，中央文献出版社 2002 年版，第 241 页。

四、毛泽东是一个真正博览群书的人

我告诉耀邦同志，毛主席读书的范围十分广泛，从内容上来说，马列主义著作、哲学著作、政治著作、历史著作、经济学著作、军事著作、文学著作、自然科学著作、技术科学著作等，他都终身爱读。从时间上来说，古代的、现代的、当代的，从社会科学到自然科学，他老人家都有兴趣，说他对哲学著作有兴趣。也不局限于马克思主义哲学，他对逻辑学、美学、佛学等宗教哲学著作也有兴趣。佛教的经典《金刚经》、《六祖坛经》、《华严经》等他都读过。基督教的《圣经》他也读过。从各门自然科学、自然科学史，到《无线电话是怎样工作的》等通俗书籍，他也有兴趣涉猎。1975年还要读李约瑟的《中国科学技术史》、杨振宁的《基本粒子发现简史》、李政道的《不平常的核态》等理论著作。1974—1975年，他还读过《化学》、《动物学》杂志，对生命科学、天文学、物理学、土壤学等著作都有兴趣。他不仅对中外文学名著读了又读，爱不释手，对中国古今的笑话书、小人书等也很爱读。从1974年1月1日到6月30日，整整半年的时间，他老人家大部分时间读的是笑话书。如：《古代笑话选》、《历代笑话选》、《笑话新选》、《笑话新谈》、《笑林广记》、《新笑林一千种》、《哈哈笑》、《笑话三千篇》、《幽默笑话集》、《时代笑话五百首》等数十种笑话书，他都看过。20世纪70年代，《红楼梦》、《三国演义》、《水浒》、《西游记》等人民美术出版社出版的小人书，他老人家也常在茶余饭后翻阅。还有历代字帖、名人墨迹、名家书画作品、《楹联丛话》等等，他更是爱不释手，看了又看，读了又读。

从1972年7月8日至1976年8月31日，此时，毛泽东已经是重病缠身，就在这段日子里，他还带病读了129种新印的大字线装书。

毛泽东晚年阅读过的120多种新印的大字线装书，从内容上来说，有《政治经济学》（［苏］列昂节夫著）、《盐铁论读本》（郭沫

毛泽东晚年读的部分新印的大字线装书

若校订）、《经验主义，还是马克思列宁主义》等政治、经济理论读
物，也有《简明中国哲学史》（杨荣国主编）、《哲学小辞典》（外国
哲学史部分）和《孙子兵法》、《孙膑兵法》等中外古今哲学、军事
方面的读物；有《古代社会》（［美］摩尔根著）、《世界通史》、《中
国近代史》（范文澜著）等中外历史读物，也有《王安石》（邓广铭
著）、《拿破仑传》（［苏］叶弗·塔尔列著）、《我在六十岁以前》
（马叙伦著）等中外古今人物传记；有中国文学包括《中国文学史》
（北大中文系 1955 级集体编）、《中国文学发展史》（刘大杰著）、
《中国文学发展简史》（北大中文系 1957 级集体编）等中国文学史著
作，也有《鲁迅全集》、《三国志通俗演义》、《水浒》、《红楼梦》、
《聊斋志异》、《东周列国志》、《儒林外史》等中国古典小说；有
《唐宋名家词选》、《唐诗三百首详析》、唐宋元明清五朝诗别裁集、
《曲选》、《李贺诗集》、《随园诗话》等中国诗词曲读物，也有《笑
林广记》等民间通俗文学读物，《一千零一夜》等外国文学读物；在
自然科学方面，有《物种起源》（达尔文著）、《基本粒子发现简史》

（杨振宁著）和李政道当时尚未正式发表的论文《不平常的核态》及《动物学》杂志、《化石》杂志等读物。此外，他也阅读《毛泽东选集》、《毛主席的四篇哲学著作》、《毛泽东军事文选》和《毛主席诗词》等他本人的著作。

我告诉耀邦同志：毛主席终身酷爱读书，毛主席身边从来没有离开过书，毛主席是一个真正博览群书的人。

耀邦同志听了我的介绍后说："像毛主席这样博览群书，活到老，学到老，生命不息，读书学习不止的精神，是永远值得我们共产党人学习的！"

本讲结语

毛泽东是一个真正博览群书的人。毛泽东读书的范围十分广泛，从内容上来说，马列主义著作，哲学著作、政治著作、历史著作、经济学著作、军事著作、文学著作、自然科学著作、技术科学著作等，他都终身爱读。从时间上来说，古代的、现代的、当代的，从社会科学到自然科学，他老人家都有兴趣。说他对哲学著作有兴趣，可是对逻辑学、美学、佛学等宗教著作也有兴趣。毛泽东一生读书范围之广，读书种类、数量之多，是很少有人可以与之相比的。

第十讲 毛泽东生前要读的最后一部书

一、毛泽东生前要读的最后一部书是《容斋随笔》

毛泽东到了晚年，多种疾病缠身、视力减退、身体日渐衰老，但每天仍以惊人的毅力坚持看书。平装小字本看不见了，就看新印的大字线装本的。他要看什么书，除身边有的他自己信手拈来就看外，其余的都由我们负责提供和查找。当时我们的工作制度规定：毛主席要看的书，是什么时候要的，从什么地方找出来的，是新购买的还是从外单位借来的，书名、作者、译者、出版单位、出版时间、开本、册数、退回时间、阅读批注、批画情况等等，都

要一一登记清楚。根据我们当时的记载，毛泽东生前要读的最后一部
书是《容斋随笔》，时间是 1976 年 8 月 26 日。

毛泽东读过的《容斋随笔》

这一次的登记是在一组（为了保密的关系，当时几位中央主要
领导同志处按顺序分别称为组，毛泽东处称为一组，有时也叫一
办）。1976 年毛泽东用书登记本（每本 100 页）第 56 页的中间，当
时的记录文字是这样的："8 月 26 日晚 9 时 45 分《容斋随笔》（宋）
洪迈撰明刻本两函 14 册借北京图书馆"。这本是很平常的，因为以前
一直都是这样做的。登记本已记满了一本又一本。然而，这一次的登
记又不同于往常，往常的登记后面还有一行又一行、一页又一页、一
本又一本的延续，后面的一行延续了前一行，后面的一页延续了前一
页，后面的一本延续了前一本。那么这前一行、前一页、前一本往往
也就显得那么平常，从不引起人们对它的格外注意。但这一次的登记
是毛泽东用书的最后一次登记，后面永远不会再有延续的了，空格子
永远是空格子、空页永远是空页、空本永远是空本了。它是毛泽东同
志读书生涯结束的一个显著的历史佐证。至此，我们为毛泽东提供和
查找借阅购买图书的服务工作也就基本上结束了。后来每当我们看到
这一页页、一本本毛泽东用书登记的时候，便激起我们对毛泽东深切

的怀念，激起我们对他老人家晚年读书生活的不灭的回忆。

二、毛泽东为什么在生命垂危时刻
还要读《容斋随笔》？

1976 年 8 月 26 日，距 9 月 9 日毛泽东辞世的日子仅 14 天。几乎是在生命的最后时刻，毛泽东为什么在病魔缠身的最后岁月还要读《容斋随笔》？笔者的理解，主要原因有以下几点：

第一，是"生命不息，读书不止"、"决心学习，至死方休"的思想、理念、精神的自然驱动。

毛泽东从青少年时代就酷爱读书。毛泽东的一生就是读书的一生。1939 年他 46 岁的时候曾说过："年老的也要学，我如果再过 10 年死了，那么就要学 9 年零 359 日。"毛泽东是这样说的，行动上也是这样做的。直到 1976 年病危的日子里，他也在坚持读书。

1974 年 8 月，毛泽东被确诊为老年性白内障，两眼渐渐地都看不清东西了。1975 年 8 月中旬，北京广安门医院的唐由之大夫主刀，成功地为他做了白内障摘除手术。没过两天，毛泽东终于有一只眼睛能看清楚东西了。尽管还只有这一只眼睛，毛泽东仍然坚持夜以继日地看书。病重、病危期间，日不进食，体弱无力，自己的手无力举书，就让工作人员给他拿书；自己不能坚持看书时，还让身边的同志给他读书。1976 年 8 月 26 日，毛泽东已经是重病在身了，全天 24 小时差不多都是躺在床上（此时他已经不能下床行走了），吃饭也都是靠别人一勺一勺地喂。这时候，身边的工作人员都为他的病情焦虑，大家此时想得更多的还是他老人家的健康，祈盼他的身体能康复、转好。可是他自己呢，明知马克思已经向他发出了邀请，可还是废寝忘食、不分昼夜地看书。这天晚上 9 时 45 分，秘书张玉凤告诉我说，主席要看《容斋随笔》，你赶快找一部大字的送过来。我急忙跑到毛主席书库（即中南海增福堂，因毛泽东个人藏书比较多，为便于保管和使用，经当时的中央有关领导同志批准，特将增福堂命名为"毛主席书库"）。毛泽东个人的大部分图书包括报纸杂志等都集中存放在这里。因为这里的全部图书、报纸和杂志，都是刚从别的地方搬过来的，还没有来得及整理和编排好顺序。因此，他以前看过多次的那部大字线装本《容斋随笔》一时找不出来，于是，我就立即与北京图书馆联系，请他们帮助速找一部大字线装本《容斋随笔》。

　　毛泽东有夜晚看书的习惯，特别是 20 世纪 60 年代中期开始，经常深夜里要书。为了保证和及时满足毛泽东、周恩来等中央领导同志夜晚看书的需求，北京图书馆的领导经过研究，专门成立一个办事小组。这个办事小组，白天、晚上、节日、假日，都有人轮流值班，晚上、假日里，馆里领导都有一人在馆，还有其他各方面的人员。有了这个办事小组，我们可就方便多了，凡是毛泽东要书，他的书库没有或一时找不到（因藏书较多，分类不准确），我们就可以与这个办事小组联系。再难找的书，再难查的话和诗句，有北京图书馆同志的支持，一般都很快地就能解决。在没设这个办事小组之前，也就是在我们刚开始给毛泽东管理图书的时候，一是对毛泽东藏书情况不熟悉，二是个人缺少这方面的知识。所以，起初毛泽东要书时，我们的心情是很紧张的。那时，毛泽东要看书，我们主观上都想立刻找出来送去。时间长找不出来，就会影响毛泽东看书。不能及时满足毛泽东的需求，为毛泽东服务的工作就没有做好，我们心里就感到不安。尽管自己也曾下了很多功夫，做了很大的努力，但知识的海洋是浩瀚无垠的，学问是没有穷尽的，是不可能在短时间内就能达到学海的彼岸的。因此，有时有的书特别是古籍线装书不能马上查找出来，有的典故、名人诗句、警语、箴言等也是不能很快地查找出来。有了这个办事小组，毛泽东再要书，再查什么诗句、典故等，我们心里就踏实多了。这个办事小组的同志，和我们的心情是一样的，在那个"三忠于四无限"的年代里，有时找一本书，查找一句话、一个典故，要在深夜里惊动许多人，如值班馆长、目录室人员、参考部人员、库房管理人员、出借组人员，还有门卫等等，但大家当时都怀有共同的心情："为毛主席服务是最大的光荣，最大的幸福。"所以，深夜里也好，节日、假日里也好，凡是毛泽东要书，他们都是以最快的速度，最好的版本查找出来送给毛泽东。如果说我们为毛泽东晚年的读书生活做了点什么工作的话，那么，这些工作中也凝结着北京图书馆领导和各方面同志们的许多的劳动和辛苦。

大约过了 35 分钟，北京图书馆的同志告诉我，书已从柏林寺书库找到了。柏林寺书库位于北京市东城区北新桥附近孔庙的东侧，距中南海大约 8 公里。从柏林寺书库取回《容斋随笔》后，我按照惯例，迅速地翻检了一遍。这是我们当时的工作制度，凡是从外单位借来的图书，送给毛泽东之前都要认真仔细地检查一遍。主要是看看里面有没有夹带什么容易伤害人体的危险品、易燃易爆品及其信件、字条等。一是为了保证毛泽东的安全；二是为了防止将不该送毛泽东的信件、字条及其他东西夹带送给他，让不必要的干扰分散他老人家的精力和时间。检查完毕，我急忙将该书送到毛泽东住地。当时的时间是 10 时 50 分。送完书在回我自己办公室的路上，全然没有以往完成了任务的欣慰的心情，这一次说什么也高兴不起来了，只觉得夜一下子变得那样的寂静，马路两旁的棵棵青松似乎也失去神采，显得焦虑和不安，路灯好像也霎时变得暗淡起来，连宝光门的哨兵脸上也失去了笑容。大家都在为毛主席的健康担忧啊！

在生命即将结束的前夕，毛泽东要读《容斋随笔》，笔者理解，没有什么特殊的背景或者是特殊的缘由，这完全是毛泽东本人终身酷爱读书的自然行为，自然驱动。此时，不知是什么元素在他的大脑里发生了作用，触使他要读《容斋随笔》。这只有他本人知道了。

第二，为了摆脱内心深处的不安、忧虑和忧伤，这也可以说是毛泽东最后岁月要读《容斋随笔》的一个重要原因。我们知道，毛泽东晚年内心深处是极为郁闷、不安的，是充满着种种忧虑、忧伤的。

笔者认为：毛泽东晚年内心深处最大的忧虑和不安是关于"文化大革命"。这事，他内心很清楚："拥护的人不多，反对的人不少。"1976年，在与华国锋等的谈话中，在说到发动"文化大革命"这件事时，他说过："这笔'遗产'得交给下一代。怎么交？和平交不成就动荡中交，搞不好就得'血雨腥风'了。"① "文化大革命"是他亲自发动、亲自领导的，是他认为一生当中做的"两件大事"之一。1975年11月2日，他对毛远新也说过："有两种态度，一是对'文化大革命'不满意，二是要算账，算'文化大革命'的账。"② 邓小平是对"文化大革命"不满意、有看法的人之一。毛泽东也是知道的。就是在这种情况下，毛泽东还是提议由邓小平主持起草关于"文化大革命"的决议。"对'文化大革命'，总的看法：基本正确，有所不足。现在要研究的是在有所不足方面。三七开，七分成绩，三分错误。"但是，毛泽东没有想到，邓小平没有接受，委婉地拒绝了。邓小平说，由我主持写这个决议不适宜，我是桃花源中人，"不知有汉，无论魏晋"。这使毛泽东感到十分失望。毛泽东认为，这件事不只是邓小平一个人的想法和看法，而是涉及相当多的老干部对"文化大革命"的想法和看法。在毛泽东政治生命的紧要关头，肯定、捍卫"文化大革命"，还是否定、推翻"文化大革命"，对这非常重要的重大原则问题，留给毛泽东自己的日子已经不多了，怎样才能捍卫这笔"遗产"，怎样才能把这份"遗产"顺利地移交给下一代？是在"和平"中交，还是在"动荡"、"血雨腥风"中交？这就是毛泽东晚年内心深处最大的忧虑和不安。③

毛泽东晚年除了有许多的忧虑和不安，还有很多的悲伤和内心的痛楚。我们知道，毛泽东在生命最后的半年多的日子里，在先后失去

① 《毛泽东传（1949—1976）》（下），中央文献出版社2003年版，第1782页。
② 《毛泽东传（1949—1976）》（下），中央文献出版社2003年版，第1754页。
③ 参见《毛泽东传（1949—1976）》（下），中央文献出版社2003年版，第1757—1759页。

了周恩来、朱德两位患难与共的老战友之后，曾痛哭流泪过多次。战争年代，长征路上，牺牲了很多的战友和同志，毛泽东很少放声痛哭，他把悲痛深埋在自己心里，带领部队继续前行。可是进入1976年，毛泽东的健康状况迅速恶化，吃药吃饭都需要靠人喂，每天吃得也很少，行走更是困难。这种状况，当时除了他身边的工作服务人员知道外，其他的人一般都是不知道的。就在这个时候，人们无限敬爱的周恩来总理，于1976年1月8日在北京305医院病逝。毛泽东得到噩耗后，沉默很久。在听工作人员为他读中央政治局报送的《讣告》时，渐渐地热泪盈眶。14日下午，痛苦万状的毛泽东在听邓小平代表中共中央宣读悼词时，毛泽东再也不能控制自己，失声痛哭。这是极少见的。7月6日，又一位老战友朱德委员长又突然逝世。在不到半年时间里，两位开国元勋，与自己患难与共、风雨同舟几十年的老战友都走了，毛泽东此时的内心更加痛楚、更加悲伤。在朱德逝世后的22天，即7月28日，河北唐山、丰南一带又发生了7.8级地震，本来就很痛楚、悲伤的毛泽东得知地震造成极其惨重的损失后，情难自禁地又一次放声大哭。

那些日子，重病中的毛泽东饱受内心忧虑、忧伤、不安等复杂的情感与情绪的折磨，一天也不说几句话。看得出来，他老人家只能用"读书"这个办法来转移、来摆脱内心深处的痛苦。

第三，再读《容斋随笔》，是为了缓解寂寞、孤独、苦闷、悲凉和痛楚的心情。

笔者知道，毛泽东晚年岁月里很少与家人们生活在一起，儿孙一堂，天伦之乐的生活，毛泽东在晚年的岁月里基本上没有。孩子们因种种原因很少来看望他。随着江青的野心逐渐显露出来，他们夫妻的感情也从1966年9月江青搬到钓鱼台去住以后就越来越疏远，毛泽东在最后几年越来越不想见江青。晚年的岁月里，毛泽东身边除有关的工作服务人员外，他家里的人一个也没有。工作人员是不能替代儿女、家人的亲情的。所以，实事求是地说，毛泽东晚年的生活，特别是宁静的夜晚，逢年过节的时候，他老人家是很寂寞、孤独、悲凉和痛楚的。再加上政治上、工作上、生活上江青不断地干扰、制造事端，毛泽东很生气，他曾对身边的警卫战士交代：未经他本人同意，江青来游泳池住地不让她进屋。有一次江青到中南海游泳池门口，哭着闹着要进去见主席，因为主席没同意进，她只好哭一阵子就回去了。应当说在最后几年的岁月里，毛泽东内心里也有痛楚、也有难言之处。苦闷、孤独、痛楚的心情，国事、后事、家事，一件件都不尽如人意，涌扰在心头。

对晚年毛泽东来说，读《容斋随笔》也许是一种放松。《容斋随笔》是南宋洪迈撰写的关于经史百家、文学艺术以及宋代掌故、人物评价等方面内容的笔记，分《随笔》、《续笔》、《三笔》、《四笔》、《五笔》五集。实际上就是一部读书"随笔"的汇集。作者把当年自己所见所闻、道听途说的有价值的掌故、逸事及他读书时所受到的启发、产生的灵感等随手记下，有时还加点个人的评论、想象和发挥，既有知识性、趣味性，也有一定的思想性。篇幅都不长，好读好记、开卷受益。它是毛泽东一生中比较喜欢读的笔记性体裁的书籍之一。

《容斋随笔》这部书，毛泽东生前读过多次。在延安时期，毛泽东读的《容斋随笔》是扫叶山房藏版、乾隆甲寅重刊的线装本，分上下两函，共十四册。当时，延安的读书条件，同大革命时期、长征途中相比虽然好了一些，但所能得到的书籍还是为数很少的，远远不能满足毛泽东的需求。那时候，毛泽东多次托人从解放区、从上海等地替他买书，也常到当地的有关图书室（馆）去借书。他读过的这部《容斋随笔》就是从当时的"马克思列宁研究院图书室"借来的。这部《容斋随笔》他读过之后还曾转借给其他同志读过。毛泽东1944年7月28日给谢觉哉写过一封信，信中提到《容斋随笔》的事。这封信的全文如下：

觉哉同志：

　　《明季南北略》及其他明代杂史我处均无，范文澜同志处或可找得，你可去问询看。《容斋随笔》换一函送上。其他笔记性小说我处还有，如需要，可寄送。

　　敬礼！

毛 泽 东
七月二十八日①

　　《容斋随笔》这部书，毛泽东很为珍爱。在那戎马倥偬的战争年代，不少的用品和书籍都遗弃或丢失了，可是这部书连同他读过的马列著作、哲学书籍、鲁迅著作等书刊，他一直带在身边，转移、行军到哪里，他就把书带到哪里。从延安东渡黄河带到河北省平山县西柏坡，又从西柏坡带到北京城，带进中南海。1949 年 6 月，到中南海丰泽园的菊香书屋居住之后，两函《容斋随笔》连同其他有关书籍一起就放在他卧室的书柜上。现在，这部书还珍藏在中南海毛主席故居里。书中不少地方，如《随笔》卷七"羌庆同音"、"佐命元臣"、"名世英宰"及卷十、卷十三等许多则，《续笔》卷十一"古錞于"、"孙玉汝"、"唐人避讳"、"名将晚谬"及卷十二、卷十六等许多则，毛泽东都用黑铅笔圈、点过或者画上了杠杠。

　　新中国成立以后，毛泽东到外地开会或视察工作，还常在工作间隙读《容斋随笔》。1959 年 10 月 23 日外出视察之前，除了他自己指名要带上的马列著作、哲学、政治、经济、历史、文学等多种有关书籍外，他还特别嘱咐要带上《容斋随笔》、《梦溪笔谈》等自宋以来的多种笔记小说。20 世纪 60 年代，毛泽东先后两次要过《容斋随笔》。一次是 1966 年 11 月，他让把他以前看过的那部《容斋随笔》

第十讲　毛泽东生前要读的最后一部书

---

　　① 《毛泽东书信选集》，人民出版社 1983 年版，第 235 页。

两函十四册全都送上。另一次是 1967 年 9 月 23 日，要的不是全书，只要《五笔》两册。到了 70 年代，毛泽东还几次读过《容斋随笔》。笔者记得《容斋随笔》卷五中有一篇随笔，题目叫《盗贼怨官吏》。这篇随笔中写道："陈胜初起兵，诸郡县苦秦吏暴，争杀其长吏以应胜。晋安帝时，孙恩乱东土，所至醢诸县令以食其妻子，不肯食者辄肢解之。隋大业末，群盗蜂起，得隋官及士族皆杀之。黄巢陷京师，其徒各处大掠，杀人满街，巢不能禁，尤憎官吏，得着皆杀之。宣和中，方腊为乱，陷数州，凡得官吏，必断脔支体，探其肺肠，或煎以膏油，丛镝乱射，备尽楚毒，以偿怨心。杭卒陈通为逆，每获一命官，亦即枭斩。岂非贪残者为吏，倚势虐民，比屋抱恨，思一有所出久矣，故乘时肆志，人自为怒乎？"洪迈在这一篇随笔中列举的案例有一个共同点，都有官府贪财虐民的行为。陈胜起兵是因为秦二世大规模征发民众徭役，因大雨误了时间，据法当斩，所以才揭竿而起。各郡县苦秦吏者，也群起而杀其长吏。官逼民反，"比屋抱恨"，这是很自然的。毛泽东青少年时代就有强烈的反抗精神。年老了，对"倚势虐民"的恶劣行为仍然深为憎恨，对苦难的劳动人民深表同情。这也是很自然的。

此时此刻，读《容斋随笔》等这类闲书就如同读故事，读逸闻和趣事。读起来随意，理解起来容易。想读就读，不想读就放下。这类书篇幅文字一般都不长，一则一则故事几十字到几百个字。读这样的书主要目的在于休息，在于调节大脑，在于缓解自己的寂寞、苦闷、痛楚的心情，祈盼让自己头脑里增加一些兴奋快乐的元素，带来精神上、身体上的放松。这也是晚年毛泽东要读《容斋随笔》的一个原因。

本讲结语

《容斋随笔》是毛泽东生前要读的最后一部书。读《容斋随笔》

是结束毛泽东读书生活的一个显著标志。此时，毛泽东读《容斋随笔》，主要目的在于休息，在于调节大脑，在于缓解自己的寂寞、苦闷、痛楚的心情，祈盼让自己头脑里增加一些兴奋快乐的元素，带来精神上、身体上的放松。

第十一讲　毛泽东勤奋刻苦的读书精神

　　1957 年 10 月 9 日，毛泽东在中国共产党第八届中央委员会扩大的第三次全体会议上的讲话中强调指出："我们要振作精神，下苦功学习。下苦功，三个字，一个叫下，一个叫苦，一个叫功，一定要振作精神，下苦功。我们现在许多同志不下苦功，有些同志把工作以外的剩余精力主要放在打纸牌、打麻将、跳舞这些方面，我看不好。应当把工作以外的剩余精力主要放在学习上，养成学习的习惯。"[①]毛泽东主席是这样要求我们的各级领导干部的，实际上他自己一直就是这样做的。

---

　　① 《建国以来重要文献选编》第十册，人民出版社 1994 年版，第 610—611 页。

一、行军、转移途中不忘读书

在戎马倥偬的年代中，战斗紧张时，毛泽东就充分利用行军、休整的间隙读书。早在井冈山斗争时期，就有过这样一件事：一次，毛泽东带领一支队伍离开茨坪，到了五斗江。原地休息时，他便坐在一块大石头上，翻开手上拿的书全神贯注地看了起来。山区天气多变，一会儿下起毛毛细雨，战士们都戴上了斗笠，但毛泽东仍在聚精会神地看书。直到司务长给他戴上斗笠时，他才感觉到并把书收了起来。

党的六届六中全会后，党中央决定成立干部教育部。干部教育部在陕北公学大礼堂召开了学习动员会。毛泽东在这个会上讲话时号召大家，要在工作中、生产的百忙中，以挤的方法获得学习的时间，以钻的方法求得问题的了解和深入。1947 年 12 月，中央在延安米脂县杨家沟召开会议期间，毛泽东曾勉励同志们要认真学习马列主义理论。他说："你们长期做实际工作，没有时间学习。这不要紧，没时间可以挤。我们现在钻山沟，将来要管城市。你一年读这么薄薄的一本，两年不就两本了嘛！三年不就三本了嘛！这样，十几年就可以读十几本，不就可以逐步掌握马列主义了吗?！"[①] 他不仅这样说，而且自己带头这样做。中央机关撤离延安的时候毛泽东的书大部分被送到黄河东岸。由于转战陕北的途中还要学习，他又亲自开列书单，把一部分马列的书和哲学、军事著作从河东运回。这部分书都是他经常翻阅的。例如，恩格斯的《反杜林论》、列宁的《社会民主党在民主革命中的两种策略》和《共产主义运动中的"左派"幼稚病》，它们还是 1932 年红军在打福建漳州时收集到的，主席分外珍惜。长征途中，他也一直带在身边，患病时躺在担架上还读。不论转移到哪里，他就

---

① 习仲勋：《回忆毛泽东同志在陕甘宁边区的伟大革命实践》，《毛泽东同志八十五诞辰纪念文选》，人民出版社 1979 年版，第 99 页。

把自己爱的书、在读的书带到哪里。只要一有空隙，他就争分夺秒地读起来。

说到毛泽东在转战陕北的行军路上手不释卷读书的事，还有这么一段至今还在陕北人民中传颂的小故事。那是 1947 年的夏天，在沙家店战斗之前的一次非常艰难的行军途中，天气很热，又缺少水喝。当部队来到几棵树下休息时，毛泽东在路旁一块石头上坐下，笑着对身旁的战士们说："这里好，这里是'山路风来草木香'啊！"战士们不知道他说的是什么意思，就问道："主席，这话怎么讲？"他高兴地把宋代辛弃疾的词句讲解了一遍，又简单地介绍了辛弃疾的一些事迹。然后，他挥挥手中的书，说："光学打枪还不行，还要努力学习文化，学习革命的道理。学了文化，懂得了革命道理，人就聪明了。"说完，他自己捧起书，埋头读了起来。当时，有一个小战士不解地问："您的学问都这么大了，行军又这样累，干啥还这样苦苦地读书？"毛泽东哈哈笑着，抚摸着小战士的肩膀，亲切地说："哈，你这个小鬼，想让我骄傲吗？我可不上你的当哟！古今中外，天文地理，知识范围那么广，你再聪明，知道的也不过有限的那么一点点。"他伸出小指头晃了晃，说："有什么值得骄傲呢？"说到这里，他拍着小战士的肩膀说："勤学习，多看书，眼界就宽了。看看世界多么大，才懂得自己多么小。"一席话，使战士们受到深刻的教育。

二、"饭可以少吃，觉也可以少睡，书可不能少读啊！"

在毛泽东身边工作过的同志都知道，他老人家看起书来，常常忘记了吃饭，忘记了睡觉。多少年来，他习惯一天只吃两顿饭，特别忙的时候，常常一天只吃一顿饭。每次吃饭，总要身边的同志多次提醒，常常是饭菜端放在跟前，他还放不下手头正在读的书。工作人员看到这种情形，心里很不安。每天总是按时把饭做好送到饭桌上，衷心地希望他能按时用餐，吃得多些。有时一顿饭常常是热了又凉，凉了又热，热上几次，他才能吃上一点。有一年的除夕，同志们都想，过年了，全国各族人民都在喜庆新春佳节，我们也把饭菜做得丰盛些，让他老人家过个好年。当工作人员把做好的饭菜端到他跟前时，看到他还在那里伏案苦读。看到这种情形，工作人员很是为难，叫吧又怕打扰他看书；不叫吧，他中午就没有吃饭。思来想去，工作人员还是鼓起勇气说："主席，请您吃点饭再看吧。"他一看，饭菜就摆在身边的茶几上，还能说什么呢？于是他端起饭来，大口大口地吃了起来。可是没等咽下最后一口饭，他又那样全神贯注地看了起来。

晚年，他老人家常常是一边吃饭，一边看书。他常对身边的同志说："饭可以少吃，觉也可以少睡，书可不能少读啊！"

毛泽东每次到一个新的地方，一般都先做两方面的调查：一是向人做调查，询问当地的政治、经济、文化及人民生活等现实情况；二是向书本做调查，了解当地的历史情况、地理沿革、文物掌故、风土人情以及古人写的有关当地的诗文。1958 年 3 月，他首次到成都，在那里主持召开了中央工作会议。3 月 4 日下午，一到这个蜀汉古都，他就让工作人员到当地的图书馆为他借来《四川省志》、《蜀本纪》、《华阳国志》，一并印发给到会的同志。据有关同志回忆，在成都，他从来没有到餐厅吃过饭。在哪里办公、看书，就在哪里吃饭。吃饭的时候，把面前的文件、书籍稍稍往旁边一推，端起饭来就吃，一吃完饭，马上就接着工作或看书。

三、人书相伴，人到哪里，书读到哪里

毛泽东出国访问、外出开会或视察工作途中，也总是千方百计地挤时间读书学习。外出前，他常常自己挑选要带的书。有时实在忙得没有时间，就亲自告诉工作人员或亲手开个书单，一带就是几箱子书。1949 年出访苏联前夕，他亲手挑选了几本马列著作、唐诗宋词、

名人名画、中国和世界地图、鲁迅的著作以及有关苏联政治、经济的书籍。在赴莫斯科的途中，他除了批阅文件和有关的同志谈沿途各地的历史名胜风土人情外，其余的时间都用来读书。

20世纪50年代和60年代，是毛泽东学习英语兴趣最浓的时候。他在到外地视察的工作期间，无论在火车上还是轮船上，随时都挤时间学习英语。1957年3月17日至20日，他先后在天津、济南、南京和上海的上千人或几千人的干部大会上作报告，讲人民内部矛盾问题。当时的工作是很紧张的，但在旅行途中他仍以很大的兴趣学习英语和阅读各种书籍。1958年9月10日至21日，毛泽东视察长江流域的湖北、安徽、江苏、上海、浙江等省市，沿途参观工厂、矿山、学校、农村时，每天都要乘车六七小时，途中十分辛苦，即使如此，他仍不知疲倦地学习英语。

出差到外地时，毛泽东总是把在北京正读的书和要读的书带在身边。每次出差到哪里，那里的住地就和在北京一样，卧室的床上、办公桌旁、会客室里，甚至吃饭的地方，全都摆放各种书籍。他要求我们：在北京是怎样摆放的，到外地也怎样摆放。一有时间，他就手不释卷地看起书来。有一年夏天，毛泽东视察工作来到武汉。一天晚上，天气异常闷热，室内外一丝风也没有，人们干坐着身上还直冒汗。他却还像往常一样，坚持在灯下读书。汗水顺着脸颊往下淌，工作人员看到这种情形，急忙拿来毛巾，请他把汗擦一擦。他接过毛巾边擦汗边幽默地说：读书学习也是要付出一定的代价，留下了汗水，学到了知识。他的这种学习精神深深地教育着在他身边工作的每一个同志。

有一次，毛泽东来到杭州，睡床上、办公桌上、休息间里，甚至厕所里都放着书，乍看起来似乎有点乱，实际上哪本书放在哪儿，他心中是有数的。放着的书籍和资料，就像他的四肢一样，服从他的意志，只要需要，一伸手就可以拿到。当时的浙江省委的一位负责同志来到毛泽东的住地，初次看到这种情形，以为是毛泽东太忙没有时间整理，便动手整理起来。毛泽东看到后，立即加以制止。他说，书是要读的，不是装潢门面的。有些人喜欢把书锁在书橱里，实际上是不看的。我们要做工作，想抽出专门时间读书那是不多的，我到处放书，随手拿来读上一段，多方便啊！他的这个读书习惯，一直保持到晚年。

四、利用一切可以利用的时间读书

从 20 世纪 50 年代到 60 年代初，毛泽东有时晚上看书太疲倦了，就改练书法。他特别爱书写著名历史人物的诗作、词赋，尤其是唐诗、宋词，他更爱书写吟诵。有一次，他一连吟诵书写了近二十首古诗古词。当工作人员催他休息时，他就风趣地说："看书是用眼睛，现在用嘴巴，这样可以使这两种神经交替休息。"

游泳是毛泽东终身爱好的一项运动。可是，就在下水前或游泳后稍稍休息的时间里，他也时常看书或学习英语。在中南海，在北戴河，在万里长江，在庐山水库，在湘江，他每次游泳几乎都是这样，下水之前要先看一会儿书，上岸后休息的很短时间里，也要看书，对于他来说，看书似乎就是最好的休息。

1954 年，毛泽东已年逾花甲。11 月的一天，他来到广州越秀山游泳池游泳，兴致勃勃地游了近一个小时。休息时他想读英语，便让他的秘书（兼教英语）坐在身边的藤椅上。当时这位秘书是刚来到他身边不久的一位较年轻的同志，心里难免有些紧张。毛泽东似乎看出了他的紧张心情，便和他亲切地交谈起来。毛泽东谈笑自若，神态安详，使这位秘书的紧张心情很快就平静下来。于是他就跟着这位秘书一句一句地读起英语来。

1948 年，毛泽东等中央领导同志从陕北转移来到了河北省平山县西柏坡村。有一次，毛泽东因为工作太忙，好久没理发了，行政处的同志给他找来了理发员。他见到理发员就问：理发要多长时间？理发员回答说：二十分钟。他又问十五分钟行不行？理发员说行。他接着又问十分钟行不行？理发员感到有点为难，勉强答应了。当理发员开始理的时候，毛泽东又拿起了报纸看。十多分钟后，发理完了，报纸也差不多看了一遍。

1949 年进城以后，毛泽东的工作更忙了。然而，工作千忙万忙，

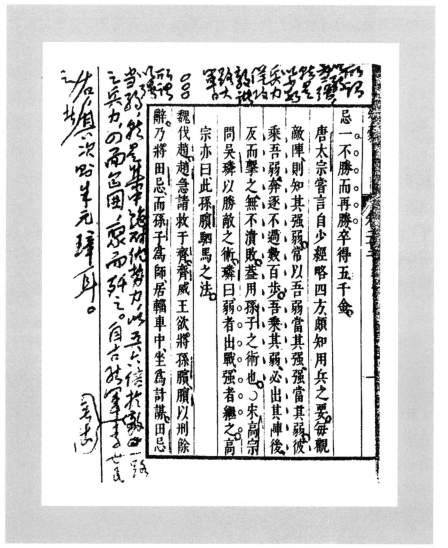

毛泽东读《智囊》批注

每天总要挤出时间读点书。他有习惯性便秘。上厕所时间很长，所以这个时间他也不让白白地浪费掉，总是非常珍惜地用来读书。有些书刊，他就是利用上厕所的时间，今天看一点，明天看一点，断断续续看完的。因为他常在上厕所时看书，所以工作人员就在便池旁放了一个方凳，把他看的书放在方凳上，这种看完了，再换另一种。例如，现在保存在中南海毛泽东故居的重刻宋淳熙本《昭明文选》、章士钊送的重刻明版的《智囊》等一些大字线装书，就是他在这个时间看过的。

毛泽东到了晚年，体质日渐下降，根据他的健康状况，医护人员要他每天做半个小时的"日光浴"。于是他就给工作人员规定：做日光浴时要给他拿来当天的各种报纸和参考资料，利用这半个小时时间了解国内外大事。工作人员都知道他平时休息时间很少，都希望他能利用日光浴的机会静静地休息一下。因此，有几次就故意不拿报纸。当他知道工作人员的好意时，就微笑着对工作人员说：我每天工作很忙，没时间看书看报，利用这半个小时的时间，看看报纸、资料，既可以增强体质，又可以了解新闻时事和国内外大事，这不是一举两得嘛！以后还是请你们多费点心，按时给我拿来吧！

五、在生命最后的岁月里

到了20世纪70年代，毛泽东由于几十年的辛苦操劳，特别是由于林彪、江青反革命集团的种种干扰和迫害，多种疾病接踵而来。就在病魔缠身的最后几年里，他老人家躺在病床上，甚至在生命进入抢救状态的时候，仍以惊人的毅力坚持学习马列著作和其他多种书籍。小字本的书看不清楚，就看大字本的。有的书刊没有大字本，他就借用放大镜阅看。

1975年7月23日，在周恩来总理的亲自关照下，眼科专家唐由之医生给他做了拖延已久的白内障眼病针拨手术。手术之后，眼睛一时不能看书，他就让工作人员为他读书。没过两天，他就要求医生摘掉蒙在他眼睛上的眼罩，一只眼睛能看清楚东西了。他借助刚刚治好的那只眼睛，不停地读书。这时候他虽然能自己看书，但由于身体过于虚弱，两手已经没有举书的力量了。为了满足他读书的需要，身边的工作人员就帮他举着书。

1976年9月初，毛泽东再度病危，医护人员立即实施抢救并加强监护。医护人员通过监护器械紧张地观察血压、心律、呼吸等数据，并随时为他输氧、输液……

从9月7日到8日下午，弥留之际的毛泽东仍坚持要看文件、看书。7日这天，经过抢救刚苏醒过来的毛泽东示意要看一本书。由于声音微弱和吐字不清，工作人员没能明白是要哪一本书。毛泽东显得有些着急，用颤抖的手握笔写下了一个"三"字，又用手敲敲木制的床头。工作人员猜出他是想看有关日本首相三木武夫的书。三木武夫是当时日本自由民主党总裁、内阁总理大臣。他正在日本进行大选，此时病重的毛泽东仍关切地注视着他在日本大选中的情况。当把书找来时，他略微点头，露出满意的神态。在工作人员帮助下，毛泽东只看了几分钟，就又昏迷过去。根据医疗组护理记录，当时的情况是这样的：8日这一天，毛泽东看文件、看书11次，共2小时50分钟。他是在抢救的情况下看文件看书的：上下肢插着静脉输液导管，胸部安有心电监护导线，鼻子里插着鼻饲管，文件和书是由别人用手托着。

毛泽东这种活到老，学到老，生命不息，读书不止的精神是多么值得我们学习啊！

本讲结语

毛泽东勤奋刻苦读书的精神贯穿于他的一生。几十年里，他是党、国家和人民军队的最高领导人，他把领导工作之外的剩余的时间，无论是行军、转移、战斗间隙，饭前、饭后，会前、会后，游泳下水之前、离水之后，去外地途中，还是患病躺在床上，病危抢救时刻，等等，只要是工作之外、可以利用的一切剩余的时间，他都用来读书。毛泽东读书的时间是"挤"出来的，是"抢"出来的，是用"少吃饭、少睡觉、少休息"的时间"换"出来。

毛泽东是一个真正的"生命不息，读书不止"的人。

第十二讲　毛泽东读书生活的主要启示

毛泽东从青少年时代起就酷爱读书，一直到他生命的最后一天。几十年如一日，不懈地追求，无休止地读书，一生读过数万册的书。毛泽东逝世以后，笔者和有关方面的同志一起将他生前读过的书和他老人家在中南海住地的存书进行了登记和统计，合计书籍报刊有近十万册。这还不包括他在革命战争年代遗失了的藏书及在北京各家图书馆或出差到外地向当地图书馆借阅的图书。纵观毛泽东一生的读书生活，主要有以下四点启示。

一、读书要明白"为什么要读书"

读书是人生活中的一件重要事项。老年人

要读书，年轻人也要读书；在职的同志要读书，离退休的人员也要读书；领导干部要读书，广大群众也要读书。古往今来，可以说人人都在读书。然而，有的人却读得进去，有的人却读不进去、有的人越读越爱读、越读越想读、越读越有兴趣、越读越感到自己的不足，有的人却越读越不爱读、越读越没有兴趣、越读越没劲头，甚至于读着读着睡着了。为什么会出现这种现象？原因当然是多方面的。其中最根本的、最重要的原因就是对读书的重要性、迫切性的思想认识不清楚，对读书的需求、对读书的目的不明白。所以，读书就没有紧迫感，就会缺少自觉性和主动性，就会缺少读书的动力。就不能很好地、持久地读书。所以，从思想认识上、从心理追求上真正弄明白"为什么要读书"，这是能不能自觉自愿地读好书的一个重要问题。

毛泽东一生钟爱读书，一生拼命读书，一生废寝忘食、孜孜不倦地读书。他是一个真正的活到老，读书到老，生命不息，读书不止的人。毛泽东所以能做到这样，就是因为他从思想认识上、从心理追求上都很明白、很清楚"为什么要读书"。正因为他有明确的思想认识，有自己独特的抱负和追求，有自己独有的需求和目的，所以，他把读书作为自己的一种自觉自愿的行动，作为人生一种从不懈怠的生活实践。

青少年时期毛泽东为什么酷爱读书？因为他从所读的大量书籍里，发现将相乡绅、名人要人，大多都握有兵权、拥有土地，他们根本不种地、不劳动，他们吃的、喝的、用的全靠种地的农民供养。相反，常年辛勤耕种土地的农民还在当牛做马，受压迫、受剥削，穿不暖，吃不饱，受苦受难。他认为这种不合理的社会制度必须要彻底改变，农民等劳苦大众应当当家作主。青少年时代的毛泽东就有推翻旧的社会制度，建立一个人民当家作主的新的社会制度的思想认识基础。1912年春，毛泽东以第一名的优异成绩考取了著名的湖南省立高等中学，半年后他又离开了这所学校，到湘乡会馆（依托湖南图书馆）自学读书。在这里他如鱼得水，每天图书馆一开门，他是第一个进门的人。中午肚子饿了就去买两个烧饼充饥，一直到图书馆晚上关门，他才最后一个出来。他自己在回忆这一段的读书生活时是这样说的："进到图书馆，看到图书馆书架上放满的书籍，就一本接一本地不停地读。如同牛跑进了菜园子，看到到处是新鲜的青菜，一个劲地不停地吃！"特别是他每天都能见到的图书馆墙上挂着的那张《世界坤舆大地图》，更使他开阔了眼界，受到了启迪，增长了见识。通过这张地图，他知道了世界之大，湖南之小。由此，他联想到，韶山的劳动人民生活苦，湘潭的劳动人民生活苦，湖南的劳动人民生活也很苦，那么全中国、全世界的劳动人民又何尝不是如此呢？这种大多数人受苦，少数人享受的现象，是绝对不合理的，应当彻底改造！由此，我们可以清楚地看出，毛泽东从青年时代就胸怀祖国，放眼世界，具有拯救中国乃至全世界受苦受难的人民的思想认识基础，这是毛泽东在青年时代就发奋读书的心理追求。

万里长征大转移来到陕北延安，在延安时期，毛泽东为什么夜以继日、伏案苦读大量的马列主义著作和哲学书籍呢？是因为中国共产党领导全国人民的革命斗争需要新的革命理论指导，照搬当时共产国际、苏联的那一套理论不符合中国社会当时的实际，一些教条主义者主张照搬照套，使中国人民的革命斗争遭受巨大损失。新的实践需要新的理论指导。所以，毛泽东在延安拼命地读马列著作，读哲学著作。毛泽东说，我们在第二次国内革命战争末期和抗战初期写了《实践论》和《矛盾论》，这些都是适应于当时的需要不能不写的。

很显然，毛泽东在延安时期读了大量的有关书籍，目的就是为了总结出符合中国革命斗争新的实际需要的新的理论。毛泽东在勤奋刻苦大量读书的基础上写出了《论联合政府》、《实践论》、《矛盾论》、《中国革命战争的战略问题》、《抗日游击战争的战略问题》、《论持久战》、《战争和战略问题》、《中国革命和中国共产党》、《新民主主义论》等等，这些光辉的著作都是毛泽东在延安时期总结出来的。中国共产党人总结出来的这些新的理论成果，是指导、指引中国人民的新民主主义革命斗争、抗日战争、解放战争取得新的伟大胜利的强大的思想武器。对于这一点，中国人民革命斗争的实践已经证明了。延安时期，毛泽东广读书、苦读书，目的非常明白，就是为了总结写出指导中国人民革命斗争取得胜利的新的理论。

社会主义新中国成立之后，随着党的工作重心的转移，毛泽东的读书重点也随之转移到经济学经典著作上来了。这段时间他先后阅读过的马列主义经济学方面的著作有：《哥达纲领批判》、《政治经济学批判》、《经济学大纲》、《资本论》、《帝国主义是资本主义的最高阶段》、《列宁有关政治经济学论文十三篇》、《马恩列斯论共产主义社会》、《苏联社会主义经济问题》、《俄国资本主义的发展》等。读得最多、下功夫最多的是《苏联社会主义经济问题》和苏联《政治经济学教科书》"社会主义部分"。很明白，就是为了解决社会主义建设实践过程中遇到的诸多实际问题，就是为了探索社会主义建设的道路，就是为了更好地带领全国各族人民沿着社会主义康庄大道奋勇向前，等等。社会主义新中国成立初期，摆在中国共产党人面前的种种实际困难和具体的实际问题很多很多。如何解决这些困难和众多的矛盾，是摆在毛泽东面前的首要大事。毛泽东此时带领各级党组和广大共产党员试图从斯大林的《苏联社会主义经济问题》和苏联《政治经济学教科书》"社会主义部分"中找到答案，找到启示，找到解决问题的途径和办法。对于具体如何读这两部书的，在上面的第二讲中已经作了介绍，这里就不再多说了。这段时间，毛泽东读书的目的和他的心理追求也是很明确的。

纵观毛泽东一生的读书生活实践，我们可以清楚地看到，毛泽东一生发奋读书，就是为了实现他的崇高理想、远大抱负、人生追求，这是他发奋读书的总的目的。正因为他有这样明确的目的，所以，他读书有信心、有恒心，有用之不竭的动力。与此同时，他在不同的历史时期，不同的社会前进发展阶段，面对不同的社会实际问题，他还有各自具体的需求、具体的目的。根据具体的需求，具体的目的，来选定读书范围、读书内容。从总体来说，他读书是为了实现崇高理想、远大抱负、人生追求。从各个不同时期来说，他读书是为了总结写出指导中国人民革命斗争和社会主义建设事业新的理论著作，读书是为了增加知识、增长智慧、丰富完善自己，读书是为了汲取治国理政的经验、教训和启示，等等。既有读书总的目的，又有不同时期读书具体的目的。目的很清楚，为什么读书他心里很明白。所以，在各个不同的历史时期，在毛泽东的人生长河中，他总是把有限的剩余时间用来读书，废寝忘食、专心致志、永不停息。

生命不息，追求不止，全心全意为人民服务不止，读书总是在进行中。这是毛泽东读书生活实践留给我们的一个重要启示。

二、读书要"挤"和"钻"

早在 1939 年 5 月 20 日，毛泽东在延安在职干部教育动员大会上的讲话中，就针对当时干部队伍中存在的"工作忙，没有功夫读书"的言论说过："没有功夫"这已成为不要学习理论、躲懒的根据了。共产党不学习理论是不对的，有问题就要想法子解决，这才是共产党员的真精神。在忙的中间，想一个法子，叫作"挤"，用"挤"来对付忙。好比开会的时候，人多得很，就要挤进去，才得有座位。又好比木匠师傅钉一个钉子到木头上，就可以挂衣裳了，这就是木匠向木头一"挤"，木头让了步，才成功的。自从木头让步以来，多少木头钉上钉子，把看不见的纤维细孔，"挤"出这样大的窟窿来，可见"挤"是一个好办法。我们现在工作忙得很，也可以叫它让让步，就用"挤"的法子，在每天工作、吃饭、休息中间，挤出两小时来学习，把工作向两方面挤一挤，一个往上一个往下，一定可以挤出两个小时来学习的。陈云同志有"挤"的经验，他有法子"挤"出时间来看书，来开会。

再一个问题是有同志反映的读书学习"看不懂"。毛泽东指出这种情形的确存在，有的同志"宁可挑大粪，不愿学理论"。忙可以"挤"，这是一个办法；看不懂也有一个办法，叫作"钻"，如木匠钻木头一样地"钻"进去。看不懂的东西我们不要怕，就用"钻"来对付。在中国，本来读书就叫攻书，读马克思主义就是攻马克思的道理，你要读通马克思的道理，就非攻不可，读不懂的东西要当仇人一样地攻它。……过去韩文公《祭鳄鱼文》里，有一段是说限他三天走去，三天不走，五天、七天再不走，那就不客气，一刀杀掉。我们要像韩文公祭鳄鱼一样，十天不通，二十天、三十天、九十天……非把这东西搞通不止，这样下去，一定可以把看不懂的东西变成看得懂的。他还说正面搞不通，可以从旁的方面着手，如打仗一样，顽强的敌人，正面攻不下，就用旁袭侧击，四面包围，把它孤立起来，这样就容易把它攻下。学习也是一样，正面的东西一时看不懂，就从旁的东西看起，先打下基础，就可以一点一点地搞通正面的东西。

　　毛泽东最后总结说：工作忙就要"挤"，看不懂就要"钻"，用这两个法子来对付它，学习是一定可以获胜的。毛泽东是这样要求我们的共产党员和各级领导干部的，实际上他自己一直都是这样做的。

三、读书要紧密联系实际

　　紧密联系中国革命和社会主义建设的实际读书，这是毛泽东读书学习的一条基本的学习方法，也是毛泽东读书学习的一个显著特点。

　　在青年时代，他不仅很注意从书本上学习知识，还主张到实际生活中去读"无字之书"，"从天下国家万事万物而学之"。他在读书笔记中曾这样写道：农事不理，则不知稼穑之艰难；休其蚕织，则不知衣服之所自。就是说，一切有用的知识，必须是能够解决实际问题的知识；这种知识，又必须从实际中去探求。在湖南第一师范求学期间，毛泽东就几次和同学好友游历各县。1920 年他成为一个马克思主义者以后，更加注意深入农村工厂，进行广泛的调查研究。1926 年、1927 年写的《中国社会各阶级的分析》、《湖南农民运动考察报告》等文章，就是他这个时期理论联系实际的代表作。这些文章，结合中国当时的实际情况，运用马列主义的基本观点科学地分析了中国各阶级的状况，为创建农村革命根据地、走农村包围城市的武装革命道路奠定了理论基础。以后的几十年，毛主席一直坚持着读书学习和实际紧密结合的有效方法。

1935 年，毛泽东率领的中国工农红军经过二万五千里长征到达陕北以后，为了从理论上总结历史教训，更好地指导革命实践，毛泽东十分重视马克思主义理论的研究，尤其对马列主义的理论基础辩证唯物论与历史唯物论以及各种哲学著作的研究更加勤奋刻苦。1938 年 10 月 14 日，毛泽东在党的第六届中央委员会扩大的第六次全体会议上所作的政治报告中说："指导一个伟大的革命运动的政党，如果没有革命理论，没有历史知识，没有对于实际运动的深刻的了解，要取得胜利是不可能的。"[①]

1941 年 5 月 19 日，毛泽东同志在延安干部会上所作的《改造我们的学习》报告中指出："许多同志的学习马克思列宁主义似乎并不是为了革命实践的需要，而是为了单纯的学习。所以虽然读了，但是消化不了。只会片面地引用马克思、恩格斯、列宁、斯大林的个别词句，而不会运用他们的立场、观点和方法，来具体地研究中国的现状和中国的历史，具体地分析中国革命问题和解决中国革命问题。这种对待马克思列宁主义的态度是非常有害的，特别是对于中级以上的干部，害处更大。"[②] 在延安的岁月里，毛泽东密切联系当时中国革命斗争的实际，带头发奋读书，研究哲学，把马列主义的普遍真理和中

---

① 《毛泽东选集》第二卷，人民出版社 1991 年版，第 533 页。
② 《毛泽东选集》第三卷，人民出版社 1991 年版，第 797 页。

国革命的具体实践相结合，全面透彻地分析中国革命斗争的现状，正确估计敌我双方的力量，做到对战争的领导，对战役的设计和组织，总是用兵如神，出敌意外，使貌似强大的日本帝国主义和国民党反动派最终败倒在中国人民的脚下。抗日战争、解放战争的伟大胜利，就是毛泽东同志和我们党老一辈无产阶级革命家把马列主义和中国革命具体实践相结合的光辉典范。这与毛泽东认真读书学习，熟悉马列主义的哲学、政治、军事等思想并使之运用到实际革命斗争中去是不能分开的。毛主席的名著《矛盾论》、《实践论》、《中国革命战争的战略问题》、《抗日游击战争的战略问题》、《论持久战》等等，都是在这一时期写成的。这一本本不朽著作，凝聚着毛泽东联系实际读书学习的多少心血啊！

毛泽东除了自己注意理论联系实际，加紧马列主义理论的研究，还组织干部学习研究。他首先把中央秘书处的秘书和干事组织起来学习，每星期开一次讨论会，他亲自主持，参加者畅所欲言，谈的是马克思主义辩证唯物论的基本知识，并理论联系实际地探讨工作和生活中的哲学问题。讨论会每次都开得生动活泼，大家都感到很有收获。这个活动，后来被一些高级领导同志知道了，他们也自愿地参加座谈讨论。人数逐渐增加，影响越来越大，更激起了人们学习研究马列主义的浓厚兴趣。后来，根据毛泽东的提议，还成立了延安"新哲学会"，使马克思主义哲学更加广泛地传播和普及，迅速地解决了理论落后于实际的状况。

说到毛泽东在延安时期联系实际读书的事，曾担任过中共中央组织部副部长的曾志同志在《谈谈我知道的毛主席》回忆文章中写过这样一段记述：

1939年底，我从白区调回延安，很快就去看望毛主席。我报告毛主席说："我要进马列学院学习，组织上已批准。"主席说："很好，你在红军、苏区、游击区、白区都工作过，经验是有了一些，但缺乏理论基础，经验不能提高。学习马列主义理论很重要，要理论联系实际。"①

新中国成立之后，毛泽东仍然夜以继日地读书学习和钻研书籍。他不是为了学习而学习，他是把读书学习和中国的革命、建设实际密切地联系起来。他常常说："对于马克思主义的理论，要能够精通它、应用它，精通的目的全在于应用。"②"要把一个落后的农业的中国改变成为一个先进的工业化的中国，我们面前的工作是很艰苦的，我们的经验是很不够的。因此，必须善于学习。"③

新中国成立初期，面对中国社会主义建设新的实际和新的需要，毛泽东带头联系实际着重读了三本书，即苏联《政治经济学教科书》（第三版）"社会主义部分"、斯大林著的《苏联社会主义经济问题》以及《马恩列斯论共产主义社会》（人民出版社 1958 年 8 月出版）。在 20 世纪 50 年代，这三本书毛泽东是读过多遍的，是下了很大功夫的。据有关的记载，从 1959 年 12 月 10 日起，到 1960 年 2 月 9 日，大约两个月的时间，毛泽东与当时身边工作人员一起，每天下午除必须要做的工作外，其他的时间都用来读苏联《政治经济学教科书》（第三版）"社会主义部分"，联系实际，边读边议，毛泽东随时谈他的看法和意见，大家也可以插几句。60 年代、70 年代里，毛泽东联系实际读书的事例是很多的。一部二十四史，他整整读了 24 年；鲁迅著作，在他老人家病魔缠身的岁月还手不释卷；还有其他各种社会科学、自然科学著作，毛泽东都联系实际去读，联系实际去批注，联系实际去理解，联系实际去运用。

① 曾志：《谈谈我知道的毛主席》，《缅怀毛泽东》上，中央文献出版社 1993 年版，第 402 页。
② 《毛泽东选集》第三卷，人民出版社 1991 年版，第 815 页。
③ 《毛泽东文集》第七卷，人民出版社 1999 年版，第 117 页。

四、"不动笔墨不看书"

"不动笔墨不看书",这是毛泽东一生孜孜践行的一种读书习惯,也是他一生中始终不渝、从不懈怠的一种读书方法。

"不动笔墨不看书",源自徐特立老师的教诲。徐老师不管读什么书,都是要做笔记的。他认为"绩学之士,读书必有札记,以记所得著所疑。记所得则要领明矣,著所疑则启他日读书参证之途矣"。徐老师做笔记的形式是多种多样的。他强调说:"好脑筋不如乱笔头。"①

毛泽东在湖南第一师范求学时,他和蔡和森、萧子升、周世钊等同学常常去徐特立家向老师求教。徐特立总是告诫他们:我认为读书"要用笔标记书中要点,要在书眉上写出自己的意见和感想,要用一个本子抄摘书中精彩的地方。总之,我是坚持不动笔墨不看书的。这样的读书虽然进程慢一点,但读一句算一句,读一本算一本,不但能记牢,而且懂得透彻,可以达到学以致用的目的,效果自然比贪多图快好"。② 这些教导的话,是老师的治学经验之谈。毛泽东把它牢牢地记在心里。在湖南第一师范求学的五年中,他刻苦读书,勤做笔记。读书笔记就装满好几网篮。毛泽东青年时期结交的朋友罗章龙在回忆文章中这样写道:

> 通过和毛润之的接触、交谈,我知道他写了很多的笔记,有的是课堂上写的,有的是自学看书写的,有的是他和友人来往的记录,还有的是来信和他作的诗,内容很丰富,有若干本,字写得很挤,改动很多。另外,他看书爱加批注,打记号,每本书看

---

① 《徐特立文集》,湖南人民出版社1980年版,第3页。
② 《徐特立传》,湖南人民出版社1980年版,第45页。

下来他都打记号。由于习惯，有时借别人的书看了也加批注，最后不好意思地向原书的主人道歉。他的目的在于批判地接受，他认为好的，就写上自己的感受，不妥的他就批上自己的看法。我记得他将这些笔记都放在一个大网篮里。我们谈话时也将彼此的笔记诗文交换着看，他看到好的就在他的笔记本上记下来，他看到不以为然的就在下次交谈中提出来讨论。他谈问题从来不泛泛而论。他对好朋友从来不隐瞒自己的观点。他做学问很扎实，很认真，现在回想起来也是非常可贵的。①

青年毛泽东的读书笔记主要有三种：一是重要的文章摘录本或手抄本，二是课堂笔记，三是课后自学笔记。

几十年里，毛泽东每阅读一本书、一篇文章，都要在重要的地方画上圈、横道、点等各种符号，在书眉和空白的地方写上了许多批语。有时还把书、文中精彩的章节和语句摘录下来，有时随手写下读书笔记或心得体会。有的书他反复读过多次，每读一次就用一种颜色的笔在上面加一次圈点、勾画，作一次批语。中南海毛泽东故居收存的毛泽东生前阅读的书籍中，就有许多是他批画过的书籍，其中许多书上都是朱墨纷呈，批语、圈点，勾画满书。

这些笔记、批注、批画，是他读书思考的记录，也是他和作者思想感情的交流。他常常用粗重的笔迹批注上一个字——"好"，两个字——"略好"、"不错"、"有理"，或者连着画上几个圈圈。使人形象地感觉到，他读书时深入角色，和作者有一种强烈的感情共鸣。在存疑的地方和不同意的地方，常常批着"可疑"、"可以争论"、"废话"、"不可信"等等。至于长达几百字的一条批注，常常是联系中国革命实际斗争的经验教训或感想，抒发自己的见解。"学而不思

① 《"一大"前后——中国共产党第一次代表大会前后资料选编》（二），人民出版社1980年版，第258页。

则罔", 毛泽东的批注反映了他的积极思考活动。

毛泽东平常工作、生活的地方, 床头桌上、办公桌上、会客室的茶几上等处总是放着些削好的铅笔, 一般的有红铅笔、蓝铅笔、黑铅笔。他读书时习惯在书上画的符号有: △、?、○、—、×、√、□、W、=、≡, 这些符号的具体含义他自己是心中有数的。毛泽东在书上画的问号尤其多, 有的一页之上多达四五个, 有的问号已被他用短斜线画去, 这表示后来已理解或肯定了书上的说法。这些特殊的符号和各种批注的文字是很重要的, 它是毛泽东读书过程中最真实的思维活动、思想情感和理性思考的记录, 是值得我们认真研究、认真对待的。

在延安的艰苦岁月中, 毛泽东工作异常繁忙, 但他还是争分夺秒地读书, 阅读、批注了大量的马列著作和其他政治、经济、哲学、历史、文学、军事以及一些自然科学书刊。批阅较多的马列著作有《共产党宣言》、《资本论》、《列宁选集》、《列宁关于辩证法的笔记》、《哥达纲领批判》、《国家与革命》、《斯大林选集》等等。这些著作, 毛泽东都反复研读, 许多章节段落都作了批注和圈画。阅批较多的哲学著作就有十几种, 其中《辩证法唯物论教程》(苏联西洛可夫、爱森堡等著, 李达、雷仲坚合译, 上海笔耕堂 1935 年 6 月第 3 版, 1936 年 12 月第 4 版。)的批注文字最多。这部论著的两个版本, 毛泽东从 1936 年 11 月至 1937 年 4 月, 仅半年的时间, 就用毛笔、红蓝黑铅笔在书眉和空白的地方写下了近 13000 千字的批语。除批注文字外, 在书的原文中毛泽东还分别画了直线、曲线、曲线加直线、二直线、三直线、圈点、双圈、三圈等符号。其中 1935 年 6 月的版本, 从头至尾都作了批注、圈画。这部书的第三章"辩证法的根本法则"批注文字最多, 最长的一段批注文字有 1000 多字。"绪论"和其余各章亦有不少的批注文字。所有的批注文字都是用隽秀的行草字体书写的, 字迹俊逸清新, 书写流畅, 令人景仰。与其说是读书批注, 不如说是行书书法作品, 这对研究毛泽东的书法艺术也有极重要的参考价值。

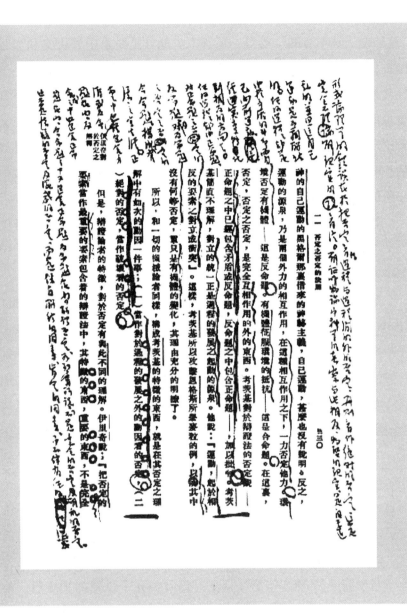

毛泽东读《辩证法唯物论教程》批注

毛泽东对《辩证法唯物论教程》的批注文字绝大部分是阐述自己的辩证唯物主义和历史唯物主义的哲学观点以及对原著的引申和批判，也有一些是对原著的简要赞同语和章、段、节的提要。例如：

"此例很好"、"说得很对"、"对"、"至理名言"、"此例不甚清"、"这种说法是不对的"等等。还有不少地方是联系中外历史和当时中国抗日战争的实际，进行分析对比得出的结论，总结中国革命斗争的经验教训等。在这些批语中，还提出了一些在当时的历史条件下有重要价值的政治问题和哲学观点。许多哲学命题，可以说是马列主义唯物论辩证法的新发展。这些对研究毛泽东哲学思想的发展和抗日战争的战略思想等都有着重要的价值，是马列主义、毛泽东思想宝库中的一份极其珍贵的文献。

新中国成立后，随着党的工作重心的转移，毛泽东在日理万机的繁忙工作之余，仍然挤时间努力研读马列著作，写了不少批注，用以解决经济建设中出现的新问题，指导大规模的经济建设。

此外，毛泽东还挤出时间，阅读哲学书籍，也写下了不少批语。如1963年读任继愈主编的《中国哲学史》（第三册）时，对该书关于华严宗思想的分析写了近百字批注。该书认为，华严宗承认个别与一般的内在联系，"总算有一点辩证法观点"；但华严宗又唯心地夸大、吹胀了个别与一般的联系，把这种"联系"绝对化，甚至抹杀"个别"的存在。毛泽东在这段话旁边批道："何其正确"。他还批道："相对中有绝对，绝对只存在于相对之中，普遍只存在于个别之中，永恒只存在于暂时之中，离开这些来谈什么客观辩证法，……岂非自相矛盾。"又如他在李达主编的《马克思主义哲学大纲——唯物辩证法》上写了近300字的批语，表达了他对唯物辩证法体系的看法。对于哲学期刊上的文章，他也爱看，并作注。他读了赵纪彬发表在《哲学研究》1965年第4期上一篇有关孔子思想的文章后，他在文章题目上方批了"孔门充满矛盾论"7个字。

毛泽东不仅批注了许多理论和哲学著作，在阅读历史书籍时也作了大量的批注、批画。从《尚书》、《春秋》、《左传》，到二十四史、《资治通鉴》、《纲鉴易知录》、《历代纪事本末》、《读史方舆纪要》、《清史稿》，从明朝近代的史学家李贽、赵翼、魏源、康有为、章太炎等人的史著、史论、考订，到现代史学家郭沫若、范文澜、翦伯赞、吕振羽等人的历史著作和各种通史、断代史，他均有批注。此外，他还对各种历史演义小说如：罗贯中的《三国演义》、吴承恩的《绘图增像西游记》、蒲松龄的《聊斋志异》等；还有冯梦龙编的《智囊》、姚鼐编选的《古文辞类纂》、梁章钜辑的《楹联丛话》、梁晋竹的《两般秋雨庵随笔》、沈廷松编的《明人百家小说》等；还有沈德潜选的《古诗源》、项家达编的《初唐四杰集》、蘅塘退士编的《注释唐诗三百首》等唐诗、宋词、元曲以及李白、杜甫、李贺、李商隐、罗隐、范仲淹等人的诗作等等，在阅读中都写有批注和批圈画。

二十四史，毛泽东生前不知反复看过多少遍，许多册的封面和其他的一些地方都磨破了，许多页上还有毛泽东阅看时留下的种种痕迹。20世纪50年代，60年代，直到1975年，他老人家写字时手都颤抖了，可是他还那么认真细致地再一次阅读这部史书，并用铅笔在许多册上歪歪斜斜地写下了许多的批注文字。

毛泽东批注、批圈画过的书籍很多很多，这里就不再一一列举。功夫不负有心人。毛泽东所以那样知识渊博，才华出众，是他长年累月、不辞劳苦、奋发勤勉地学习的结果。毛泽东这种读书动笔、手脑并用的学习方法和学而不厌、好学不倦的精神是非常值得我们永远学习的。

本讲结语

综观毛泽东一生的读书生活实际，毛泽东在读书方面值得后人们学习、弘扬的地方很多，启示很多。其中，从思想上认识、心理追求上弄清楚"为什么要读书"这是最重要的。这是"生命不息，读书不止"的动力源泉。除此，善于"下苦功"，善于"挤"和"钻"，同时读书还要紧密联系实际，讲究"不动笔墨不看书"的方法。这是毛泽东的读书生活留给我们的几点重要启示。

责任编辑：李之美
版式设计：顾杰珍
责任校对：苏小昭

图书在版编目（CIP）数据

毛泽东读书生活十二讲/徐中远 著. —北京：人民出版社,2018.6
  （2023.12 重印）
ISBN 978－7－01－019163－8

Ⅰ.①毛⋯ Ⅱ.①徐⋯ Ⅲ.①毛泽东(1893—1976)-生平事迹
  Ⅳ.①A751

中国版本图书馆 CIP 数据核字（2018）第 071660 号

毛泽东读书生活十二讲

MAO ZEDONG DUSHU SHENGHUO SHIER JIANG

徐中远 著

人 民 出 版 社 出版发行
（100706 北京市东城区隆福寺街 99 号）

中煤（北京）印务有限公司印刷 新华书店经销

2018 年 6 月第 1 版 2023 年 12 月北京第 8 次印刷
开本：710 毫米×1000 毫米 1/16 印张：13.5 插页：5
字数：180 千字

ISBN 978－7－01－019163－8 定价：48.00 元

邮购地址 100706 北京市东城区隆福寺街 99 号
人民东方图书销售中心 电话（010)65250042 65289539